¡Ya lo tengo!

Typische Spanisch-Fehler sicher vermeiden

Ursula Bachhausen

compact

Bisher sind in dieser Reihe erschienen:

♦ Ho capito! Typische Italienisch-Fehler sicher vermeiden

♦ Ich hab's kapiert! Typische Deutsch-Fehler sicher vermeiden

♦ I got it! Typische Englisch-Fehler sicher vermeiden

♦ J'ai compris ! Typische Französisch-Fehler sicher vermeiden

♦ ¡Ya lo tengo! Typische Spanisch-Fehler sicher vermeiden

© Compact Verlag GmbH
Baierbrunner Straße 27, 81379 München
Ausgabe 2018

Redaktion: Janine Kaitzl
Fachkorrektur: Pablo Pino
Produktion: Ute Hausleiter
Titelabbildung: shutterstock/Anna Timoshenko
Illustrationen: Florian Heubach
Gestaltung: seitenwind GmbH – Design und Kommunikation, Regensburg;
textum GmbH, München
Umschlaggestaltung: red.sign GbR, Stuttgart

ISBN 978-3-8174-1934-0
381741934/1

www.compactverlag.de

Inhaltsverzeichnis

Inhalt

¡Ya lo tengo! Typische Spanisch-Fehler sicher vermeiden

Das Lernen einer Fremdsprache geht mal leichter, mal schwerer voran ... Das ist ganz normal. Wer schafft es schon, immer alle Regeln, Sonderregeln und Ausnahmen im Kopf zu behalten? Dieses Buch hilft Ihnen dabei, Zweifelsfälle und Unsicherheiten in Wortschatz, Grammatik, Aussprache und Rechtschreibung ein für alle Mal abzulegen und so die häufigsten Spanisch-Fehler sicher zu vermeiden.

Die übersichtliche Gliederung in die Themengebiete Wortschatz, Grammatik sowie Aussprache und Rechtschreibung macht es Ihnen leicht, sich ganz gezielt die Themen herauszusuchen, die Ihnen noch Schwierigkeiten machen. Die wichtigsten Fehlerquellen werden kurz und prägnant dargestellt und die häufigsten Schwierigkeiten in aller Klarheit erläutert. Infokästen und Lerntipps bieten interessantes Zusatzwissen und durch zahlreiche unterhaltsame Illustrationen prägen sich wichtige Regeln bildlich ein.

Am Ende jedes Unterkapitels finden Sie Übungen zum jeweils vorangehenden Thema. Zusätzliche Zwischentests im Anschluss an jeden der drei Themenbereiche bieten weitere Gelegenheit zur Überprüfung des Gelernten. Ob Sie nun die typischen Fehler endlich sicher vermeiden können, sehen Sie beim großen Abschlusstest am Ende des Buches.

Viel Spaß und Erfolg beim Spanischlernen!

1. Wortschatz

1.1 Falsos Amigos

Viele Wörter im Spanischen und im Deutschen gehen auf ähnliche Wurzeln zurück. Nicht immer haben sie aber in beiden Sprachen die gleiche Bedeutung. „Falsche Freunde" sind Wortpaare, die sich – trotz aller Ähnlichkeiten in der Schreibweise oder im Klang – nicht einfach ableiten lassen. Die falsche Verwendung eines vermeintlich leicht zu übertragenden Wortes kann unter Umständen zu unfreiwilliger Komik führen. Diese Vokabeln muss man daher besonders aufmerksam lernen.

el abogado	= *Rechtsanwalt*	≠ *Avocado*	= el aguacate
alto	= *hoch, groß; laut*	≠ *alt*	= viejo, anciano, mayor
la ambulancia	= *Krankenwagen*	≠ *Ambulanz*	= el ambulatorio
la arena	= *Sand*	≠ *Arena*	= la plaza de toros

La plaza de toros en Madrid se llama "Las Ventas".
Die Stierkampfarena in Madrid heißt „Las Ventas".
En Tenerife hay muchas playas de arena negra.
Auf Teneriffa gibt es viele Strände mit schwarzem Sand.

el arma	= *Waffe*	≠ *Arm*	= el brazo
el auto	= *richterlicher Beschluss, Gerichtsakte*	≠ *Auto*	= el coche
la bala	= *Kugel, Geschoss*	≠ *Ball*	= la pelota
el balón	= *(Fuß-)Ball*	≠ *Ballon*	= el globo
el buró	= *Schreibtisch*	≠ *Büro*	= la oficina, el despacho
la carta	= *Brief*	≠ *Landkarte*	= el mapa

El director dicta una carta a su secretaria.
Der Direktor diktiert seiner Sekretärin einen Brief.

la concurrencia	= **Zulauf, Gedränge**	≠ *Konkurrenz*	= la competencia
el concurso	= **Wettbewerb**	≠ *Konkurs*	= la quiebra
la demostración	= **Beweis**	≠ *Demonstration*	= la manifestación
el desierto	= **Wüste**	≠ *Dessert*	= el postre

"¿Usted ha pedido un desierto, señor? ¡Que aproveche!"

el éxito	= **Erfolg**	≠ *Tod, Exitus*	= la muerte
la falta	= **Fehler, Fehlen**	≠ *Falte*	= la arruga
el fallo	= **Fehler**	≠ *Fall*	= el caso
la feria	= **(Jahr-)Markt, Messe**	≠ *Ferien*	= las vacaciones
la firma	= **Unterschrift**	≠ *Firma*	= la empresa
el gimnasio	= **Turnhalle**	≠ *Gymnasium*	= el colegio, el instituto
el grifo	= **(Wasser-)Hahn**	≠ *Griff*	= el mango, el asa
harto	= **satt, überdrüssig**	≠ *hart*	= duro
el mantel	= **Tischdecke**	≠ *Mantel*	= el abrigo
el mapa	= **(Land-, Straßen-)Karte**	≠ *Mappe*	= la carpeta

No conozco Barcelona. Necesito un mapa para ir al Parque Güell.
Ich kenne Barcelona nicht. Ich brauche einen Stadtplan, um zum Parque Güell zu kommen.

el mundo	= *Welt*	≠ *Mund*	= la boca
la noticia	= *Nachricht*	≠ *Notiz*	= el apunte
la palma	= *Handfläche*	≠ *Palme*	= la palmera
el paso	= *Schritt; (Berg-)Pass*	≠ *(Reise-)Pass*	= el pasaporte
el poste	= *Pfeiler*	≠ *Post*	= el correo, los Correos
el profesor	= *Lehrer*	≠ *Professor*	= el catedrático
quitar	= *wegnehmen, entfernen*	≠ *quittieren*	= firmar
el regalo	= *Geschenk*	≠ *Regal*	= la estantería
la renta	= *Ertrag, Einkommen*	≠ *Rente*	= la pensión
los restos	= *sterbliche Überreste*	≠ *Reste*	= los residuos, las sobras
el saco	= *Sack*	≠ *Sakko*	= la (chaqueta) americana
la sensación	= *Gefühl*	≠ *Sensation*	= el escándalo
el término	= *Ende*	≠ *Termin*	= la cita
el tiempo	= *Wetter, Zeit*	≠ *Tempo*	= la velocidad
el vaso	= *Glas*	≠ *Vase*	= el florero

Übungen

1 Was bedeuten die folgenden Ausdrücke? Kreuzen Sie die richtige Lösung an!

1. el buró
- **a** ❏ una habitación en una oficina
- **b** ❏ una mesa de despacho para trabajar

2. quitar
- **a** ❏ coger o robar algo
- **b** ❏ firmar un recibo

3. estar harto
- **a** ❏ ser de un material sólido
- **b** ❏ estar desencantado

4. el poste
- **a** ❏ una columna
- **b** ❏ el lugar donde se puede enviar o recibir cartas o paquetes

2 Finden Sie die passende Übersetzung!

1. Luis está enfermo. Tiene Termin .... con el médico.

2. Después del Gymnasium ...., Marta continuará sus estudios en la universidad.

3. Hoy vamos a bailar en la Jahrmarkt .... de Sevilla.

4. En la aduana hay que mostrar el Pass ....

3 Unterstreichen Sie die richtige Variante!

1. El director de la firma / empresa busca una nueva secretaria.

2. Miles de personas participaron ayer en la manifestación / demostración
contra la política del Gobierno.

3. No hemos comido todo. Pongamos los restos / las sobras en la nevera.

4 Setzen Sie das fehlende Wort ein!

1. En la biblioteca guardan los libros en .... grandes.

2. Hace frío. ¡Ponte un ....!

3. Tengo que llevar muchos libros y cuadernos. Es mejor que los ponga todos
en un ....

4. ¡Qué rosas tan hermosas! Voy a buscar un ....

5. El mes que viene Manuel empezará a trabajar en una nueva

....

Lerntipp

Wörter, die besondere Schwierigkeiten bereiten, kann man buchstäblich
im Vorübergehen lernen, wenn man sie auf kleine Klebezettel schreibt
und an verschiedenen Stellen in der Wohnung anbringt.

1.2 Redewendungen und Sprichwörter

Redewendungen und Sprichwörter geben der Sprache Farbe. Allerdings kann man sie sehr häufig nicht wortwörtlich übersetzen.

Redewendungen

Spanische Redewendung	Wörtliche Übersetzung	Deutsche Bedeutung
consultarlo con la almohada	sich mit dem Kissen beraten	*eine Nacht über etwas schlafen*
cortar el bacalao	den Kabeljau schneiden	*den Ton angeben*
cortar las alas a alguien	jdm. die Flügel abschneiden	*jdm. den Wind aus den Segeln nehmen*
El mundo es un pañuelo.	Die Welt ist ein Taschentuch.	*Die Welt ist ein Dorf.*
Eso es griego para mí.	Das ist Griechisch für mich.	*Das sind böhmische Dörfer für mich.*
estar de mala leche	von schlechter Milch sein	*sehr schlechte Laune haben, stinksauer sein*
estar en la olla	im Kochtopf sein	*in der Tinte sitzen*

Spanische Redewendung	Wörtliche Übersetzung	Deutsche Bedeutung
estar metido en harina	ins Mehl gestellt sein	*bis über beide Ohren in Arbeit stecken*
Esto me suena a chino.	Für mich klingt das Chinesisch.	*Das kommt mir Spanisch vor.*
ir al grano	zum Korn gehen	*zur Sache kommen, Tacheles reden*
la media naranja	die halbe Orange	*die bessere Hälfte*
meterse en la boca del lobo	sich in den Mund des Wolfes begeben	*sich in die Höhle des Löwen begeben*

no tener pelos en la lengua	keine Haare auf der Zunge haben	*kein Blatt vor den Mund nehmen*
meter la pata	die Pfote hineintun	*ins Fettnäpfchen treten*
pensar en las musarañas	an die Spitzmäuse denken	*mit seinen Gedanken woanders sein*
perder la cuenta	die Rechnung verlieren	*sich verrechnen, sich verzählen*
ser uña y carne	Nagel und Fleisch (*hier:* Nagelbett) sein	*ein Herz und eine Seele sein*

Sprichwörter

Spanisches Sprichwort	Wörtliche Übersetzung	Deutsche Entsprechung
Cada oveja con su pareja.	Jedes Schaf mit seinem Partner.	*Gleich und Gleich gesellt sich gern.*
Cuando el río suena, agua lleva.	Wenn der Fluss zu hören ist, führt er Wasser.	*Wo gehobelt wird, da fallen Späne.*
Sobre gustos no hay nada escrito.	Über Geschmäcker gibt es nichts Geschriebenes.	*Über Geschmack lässt sich nicht streiten.*
De tal palo, tal astilla.	Von solchem Baum, solch ein Holzspan.	*Der Apfel fällt nicht weit vom Stamm.*
El hijo del gato, ratones mata.	Des Katers Sohn tötet Mäuse.	*Wie der Vater, so der Sohn.*
En boca cerrada no entran moscas.	In einen geschlossenen Mund kommen keine Fliegen.	*Reden ist Silber, Schweigen ist Gold.*

Spanisches Sprichwort	Wörtliche Übersetzung	Deutsche Entsprechung
En casa del herrero cuchara de palo.	Beim Schmied daheim gibt es nur einen Holzlöffel.	*Der Schuster trägt die schlechtesten Schuhe.*
Más vale pájaro en mano que ciento volando.	Ein Vogel in der Hand ist mehr wert als hundert fliegende.	*Besser den Spatz in der Hand als die Taube auf dem Dach.*
matar dos pájaros de un tiro	zwei Vögel mit einem Schuss töten	*zwei Fliegen mit einer Klappe schlagen*
Quien tiene boca se equivoca.	Wer einen Mund hat, täuscht sich.	*Irren ist menschlich.*

Wussten Sie schon?

„Los refranes son sentencias breves, sacadas de la experiencia y especulación de nuestros antiguos ancianos." [Miguel de Cervantes]

Der Autor des *Don Quijote* bringt es auf den Punkt: In Sprichwörtern steckt viel Lebensweisheit. Kein Wunder, dass es für viele spanische Sprichwörter eine deutsche Entsprechung gibt, auch wenn das verwendete Bild unter Umständen abweicht.

Übungen

5 Welche Definition gehört zu welcher Redewendung? Ordnen Sie zu!

1. ☐ la media naranja   a) actuar importunamente

2. ☐ estar en la olla   b) tratar lo esencial

3. ☐ ir al grano   c) la mujer o el marido

4. ☐ estar de mala leche   d) tener problemas

5. ☐ meter la pata   e) estar de mal humor

6 Ergänzen Sie die Sätze mit dem passenden Sprichwort!

matar dos pájaros de un tiro   cuando el río suena, agua lleva

de tal palo, tal astilla   en boca cerrada no entran moscas

1. El hijo sigue los pasos de su padre. Como éste, es profesor.

....

2. No hay que revelar los secretos de otra gente. Por eso, mi abuela siempre

decía: " ...."

3. Dicen que van a despedir a mil empleados, pero no sé si será verdad.

....

4. Si vamos en bicicleta, (nosotros) ....

....

1.3 Häufig verwechselte Wörter

Häufig verwechselte Substantive

amigo/amiga ≠ novio/novia ≠ pareja

Freund ist nicht gleich Freund. Deshalb wird im Spanischen genau unterschieden, wie eng die Beziehung ist. Ein kumpelhafter Freund ist ein **amigo**, ein fester Freund ein **novio**. Gleiches gilt für die weiblichen Entsprechungen. Ursprünglich galt als **novio/novia**, wer bereits Heiratspläne hatte. Einen festen Lebensgefährten nennt man **pareja**.

juego ≠ partida ≠ partido

Gut gespielt ist halb gewonnen! Spricht man von einem Spiel im Allgemeinen, so heißt es **juego**. Ein Brett- oder Kartenspiel ist eine **partida**, wohingegen ein sportliches Spiel ein **partido**, also eine Partie, ist.

pez ≠ pescado

Im Restaurant sollte man niemals **pez** bestellen, es sei denn, man wollte im Wasser tauchen: Der gefangene Fisch, den man essen kann, heißt **pescado**.

té ≠ infusión

Bestellt man in Spanien einen **té**, so ist dies immer ein schwarzer Tee. Grüner Tee ist **té verde**. Eine **infusión** wird nicht etwa vom Arzt verabreicht, sondern ist schlicht ein Kräutertee.

Häufig verwechselte Verben

haber ≠ tener

Das deutsche Verb *haben* kann sowohl ein Hilfsverb zur Bildung zusammengesetzter Zeiten („ich habe gegessen") als auch ein Vollverb im Sinne von „besitzen" sein. Auf Spanisch muss man genau unterscheiden: Das Hilfsverb zur Bildung zusammengesetzter Zeiten ist **haber**. Das Vollverb ist **tener**.

ir ≠ venir / llevar ≠ traer

Hin oder her? Man sagt den Deutschen Genauigkeit nach. Dass dies nicht immer der Fall ist, zeigen die Verben, die eine Bewegungsrichtung beinhalten. Im Spanischen wird genau unterschieden, wo sich der Sprecher gerade befindet und wohin die Bewegung führt. Geht der Sprecher von seinem bisherigen Standort zu einem anderen, heißt es **ir**. Nimmt er dabei etwas mit, **llevar**. Kommt ein anderer zum Standort des Sprechers, heißt es **venir**. Bringt er etwas mit, so ist dies **traer**.

jugar ≠ tocar

Geht es um ein Spiel oder eine Sportart, heißt *spielen* **jugar**. Ein Instrument *berührt* man, daher heißt es hier **tocar**.

poder ≠ saber

Hier zeigt sich der Könner! Hat man ganz allgemein die Möglichkeit oder aber die Gelegenheit, etwas zu *können*, heißt es **poder**. Wenn man weiß, wie etwas geht, nimmt man **saber**. Deshalb heißt es auch „saber español", wenn man sagen will, dass man „Spanisch (sprechen) kann".

quedar ≠ quedarse

Spielen Sie mit der deutschen Sprache: **quedar** heißt *bleiben* im Sinne von *übrig bleiben* oder *treffen* im Sinne von *verbleiben, sich an einem Ort treffen*. Im Gegensatz dazu ist **quedarse** *bleiben* im Sinne von *dableiben*.

Zur Vertiefung siehe Kapitel 2.5

ser ≠ estar

Sein oder Da- bzw. So-sein, also **ser** oder **estar**, das ist hier die Frage. Zur wichtigen Unterscheidung von **ser** und **estar** blättern Sie zu Kapitel 2.5.

Lerntipp

Hat ein deutsches Wort im Spanischen mehrere Entsprechungen, kommt es immer wieder zu Verwechslungen. Am besten lernt man die Wörter daher im Kontext, z. B. mit kurzen, aber eingängigen Beispielsätzen.

7 Setzen Sie die passenden Wörter ein!

novio   juego   toca   pez   amigo   juegan   partido   pescado

1. En este restaurante sirven buena carne y muy buen ....

2. Carlos y su .... van a ver un .... de fútbol.

3. Luisa .... la flauta.

4. Mis padres .... al tenis cada domingo.

5. Tengo unos nervios. Mañana voy a presentar mi .... a mis padres.

6. Me siento como .... en el agua.

7. No me gusta el dominó. ¡Es un .... para niños!

8 Welcher Satz ist korrekt? Unterstreichen Sie die richtige Lösung!

1. Queda / Se queda leche.

2. ¿Me puedes llevar / traer el periódico, por favor? Está en la cocina.

3. He aprendido el español. Sé / Puedo hablar el español.

4. Mañana iré / vendré al cine contigo.

5. Marta ha / tiene cinco gatos.

6. Por la tarde, siempre bebo té / infusión de menta.

9 Lösen Sie das Kreuzworträtsel!

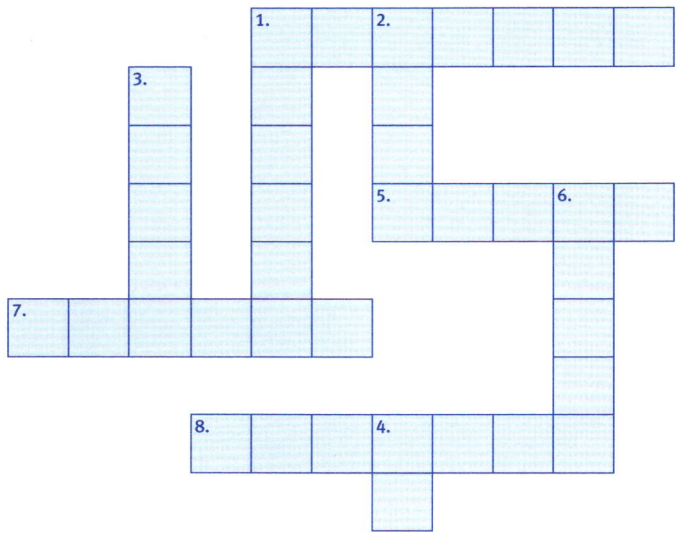

Waagerecht:

1. La merluza es un ... popular que se puede comer en muchos restaurantes.

5. Hallarse en un lugar es ... .

7. Cuando uno transporta algo de su lugar a otro.

8. En un estadio se puede ver un ... de fútbol.

Senkrecht:

1. El novio o la novia con los que uno convive es la ... .

2. Cuando uno ha aprendido a hacer algo, lo ... .

3. Cuando uno tiene la capacidad de hacer algo, lo ... hacer.

4. El ... es una bebida caliente que contiene teína.

6. Persona con la que uno está unido por amistad.

1.4 Bedeutungsunterschiede bei wechselndem Artikel

Manche Wörter ändern ihre Bedeutung völlig, je nachdem, ob sie mit dem maskulinen oder femininen Artikel gebraucht werden.

EL CAPITAL

el batería	= Schlagzeuger	≠ la batería	= Batterie
el capital	= Vermögen, Kapital	≠ la capital	= Hauptstadt
el cólera	= Cholera	≠ la cólera	= Wut, Zorn
el coma	= Koma	≠ la coma	= Komma
el corte	= Schnitt	≠ la corte	= Hof(staat)
el cura	= Pfarrer	≠ la cura	= Kur
el editorial	= Leitartikel	≠ la editorial	= Verlag
el frente	= Front	≠ la frente	= Stirn
↳ el gallina	= Feigling	≠ la gallina	= Huhn
el guardia	= Wachmann	≠ la guardia	= Wache
el guía	= Fremdenführer	≠ la guía	= Reiseführer (Buch); aber auch: Fremdenführerin

LA CAPITAL

> Al final del recorrido le dimos una buena propina al guía.
> *Am Ende der Tour gaben wir dem Fremdenführer ein ordentliches Trinkgeld.*
> Voy a comprarme una guía de Sevilla.
> *Ich werde mir einen Reiseführer über Sevilla kaufen.*

el mañana	= (das) Morgen (Zukunft)	≠ la mañana	= (der) Morgen
el margen	= Rand	≠ la margen	= Flussufer
el orden	= Ordnung	≠ la orden	= Befehl
el parte	= Bericht	≠ la parte	= Teil, Stück
el pendiente	= Ohrring	≠ la pendiente	= Abhang
el policía	= Polizist	≠ la policía	= Polizei; Polizistin
el radio	= Radius; Radioapparat	≠ la radio	= Rundfunk
el trompeta	= Trompeter	≠ la trompeta	= Trompete; Trompeterin

10 Unterstreichen Sie den korrekten Artikel!

1. El / La capital de Cataluña es Barcelona.

2. Los / Las pendientes de María son de oro.

3. El verano que viene, visitaré el País Vasco. Por eso, tengo que comprarme

un / una guía.

4. Con este / esta corte tendrás que ir al peluquero cada quince días.

11 Übersetzen Sie und enträtseln Sie das Lösungwort!

1. Schnitt

2. Cholera

3. Stirn

4. Abhang

5. Vermögen

6. Trompete

7. Radio

8. Ordnung

9. Huhn

10. Stück

11. Polizist

Lösung: ___ ___ ___ ___ ___ ___ ___

1.5 Die spanischen „verbos de cambio"

Ist es nicht zum Verrücktwerden? Wer das deutsche *werden* nachschlägt, findet eine ganze Fülle an Entsprechungen im Spanischen. Es gibt nämlich kein einzelnes Verb, das die verschiedenen Nuancen transportieren kann, die *werden* beinhaltet. Mal betont das deutsche *werden* den Prozess der Veränderung, mal betont es das Endergebnis, mal geht es um einen tief greifenden Wandel, andere Male wiederum nur um eine kurzfristige Änderung. Im Spanischen gibt es für all diese Fälle eigene Lösungen, die untereinander nicht in jedem Fall austauschbar sind. Aber keine Sorge! Es gibt ein paar Regeln, an die man sich halten kann. Auch *werden* ist kein Grund zum Verrücktwerden: ¡No hay motivo para volverse loco!

In Verbindung mit einem Adjektiv

volverse + ADJ
Für eine wesentliche, unvorhersehbare Veränderung, die oft unumkehrbar ist, ist **volverse** die richtige Wahl. Die Wendung wird häufig auch in Bezug auf psychische Eigenschaften gebraucht.

> Esto es para **volverse** loco. – *Das ist zum Verrücktwerden.*
>
> Luisa **se ha vuelto** muy simpática. – *Luisa ist sehr sympathisch geworden.*
>
> ¡Qué perezoso **te has vuelto**! – *Wie faul du geworden bist!*

Lerntipp

Oft ist es hilfreich, sich ins Gedächtnis zu rufen, welche wörtliche Bedeutung im **verbo de cambio** steckt.
volverse – *sich umdrehen*, d.h. jemand macht eine 180°-Wendung
hacerse algo – *sich zu etw. machen*, d.h. jemand tut etwas bewusst
quedarse algo – *bleiben*, d.h. jemand oder etwas verändert sich endgültig

ponerse + ADJ

Ponerse bezeichnet eine plötzliche, aber vorübergehende Veränderung.

El verano pasado **me puse** muy morena.

Letzten Sommer wurde ich sehr braun.

Antes del examen, Luis **se pone** nervioso.

Vor der Prüfung wird Luis nervös.

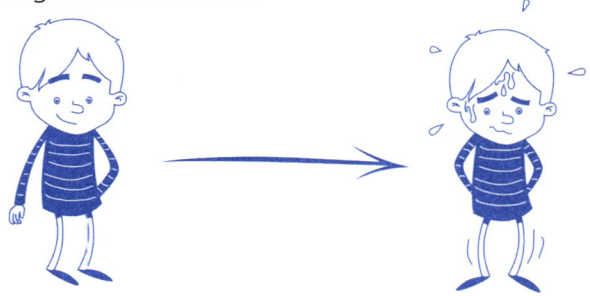

quedar(se) + ADJ

Bei **quedar(se)** steht eine endgültige, unumkehrbare Veränderung im Vordergrund. Häufig kann **quedar(se)** auf Deutsch nicht mit „werden", sondern mit „sein" übersetzt werden.

Después de la enfermedad grave, **se quedó** sordo.

Nach der schweren Krankheit wurde er taub.

Marta (se) **quedó** embarazada. – *Marta wurde schwanger.*

In Verbindung mit einem Substantiv

llegar a ser + SUBST

Die Wendung **llegar a ser** betont einen längeren, oft anstrengenden Prozess. **Llegar a ser** wird in der Regel mit einem folgenden Substantiv verwendet.

Con 45 años **llegó a ser** director de la empresa.

Mit 45 Jahren ist er Direktor der Firma geworden.

Si estudia algo más, **llegará a ser** el mejor de la clase.
Wenn er noch etwas mehr lernt, wird er Klassenbester.

convertirse en + SUBST

convertirse en drückt eine wesentliche, grundsätzliche Veränderung aus. Der Wandel ist so radikal, dass man in gewisser Weise von einem Identitätswechsel sprechen kann.

El agua **se convirtió** en vino. – *Das Wasser wurde zu Wein.*

En solo un año, Messi **se convirtió** en el máximo goleador.
In nur einem Jahr wurde Messi zum Torschützenkönig.

In Verbindung mit einem Substantiv, einem Adjektiv oder einem Adverb

hacerse + SUBST/ADJ/ADV

Das Verb **hacerse** kennzeichnet eine gewollte, langsame Veränderung, wenn das Subjekt eine Person ist. Ist das Subjekt eine Sache oder wird *hacerse* unpersönlich gebraucht, kann die Veränderung auch die Folge einer natürlichen Entwicklung sein.

Juan **se hizo** médico. – *Juan ist Arzt geworden.*

Ayer **se me hizo** tarde. – *Bei mir ist es gestern spät geworden.*

resultar + SUBST/ADJ/ADV

Bei **resultar** steht das Endergebnis einer Veränderung im Vordergrund, es geht also buchstäblich um das „Resultat".

Esta tarea le **resulta** dificilísima.
Diese Aufgabe ist sehr schwierig für ihn.

En el accidente, dos motociclistas **resultaron** heridos de gravedad.
Bei dem Unfall wurden zwei Motorradfahrer schwer verletzt.

salir + SUBST/ADJ/ADV

Wie bei **resultar** wird bei **salir** + SUBST/ADJ/ADV das Ergebnis einer Veränderung betont. Im Unterschied zu **resultar** liegt der Fokus bei **salir** jedoch auf demjenigen, der die Veränderung einleitet.

> ¿Qué haces para que la tortilla te **salga** tan jugosa?
>
> *Was machst du, dass die Tortilla bei dir so saftig wird?*
>
> Las fotos no me **han salido** bien. – *Meine Fotos sind nicht gut geworden.*

pasar a ser + SUBST/ADJ/ADV

Die Wendung **pasar a ser** betont den bewussten Prozess einer Veränderung. Das Ergebnis spielt hierbei eine untergeordnete Rolle.

> En los años 80, España se preparó para **pasar a ser** un miembro de la Unión Europea.
>
> *In den achtziger Jahren bereitete sich Spanien darauf vor, ein Mitglied der Europäischen Union zu werden.*

Verben, die eine Veränderung ausdrücken

Nicht immer ist eine Wendung mit einem der genannten **verbos de cambio** vonnöten, denn viele spanische Verben drücken bereits eine Veränderung mit *werden* aus.

adelgazar	=	*schlank werden*
engordar	=	*dick werden*
nacer	=	*geboren werden*
envejecer	=	*alt werden*
amanecer	=	*Tag werden*
atardecer	=	*Abend werden*

oscurecer	=	*dunkel werden*
anochecer	=	*Nacht werden*
cansarse	=	*müde werden*
despertarse	=	*wach werden*
enfadarse	=	*wütend werden*
enojarse	=	*böse werden*
mojarse	=	*nass werden*

Feststehende Wendungen, die eine Veränderung ausdrücken

caer enfermo = *krank werden*

María cayó enferma. – *María ist krank geworden.*

cumplir años = *… Jahre alt werden*
  (Lebensjahre vollendet haben)

¿Cuántos años cumples? – *Wie alt wirst du?*

llegar a los **+ Alter** = *… Jahre alt werden*
  (ein bestimmtes Alter erreichen)

Me gustaría llegar a los 90 años. – *Ich möchte 90 Jahre alt werden.*

ser de = *werden aus* (Schicksal)

¿Qué ha sido de él? – *Was ist aus ihm geworden?*

---

12 Welche Variante ist richtig? Unterstreichen Sie!

1. Esta tortilla no me (ha salido / ha vuelto) bien.

2. En la crisis financiera muchos españoles (se quedaron / se hicieron) parados.

3. Últimamente, Manuel (se ha vuelto / se ha puesto) muy simpático.

4. Luisa estudia mucho. Quiere (hacerse / volverse) médica.

---

13 Setzen Sie das passende „verbo de cambio" ein!

1. En los últimos años, el internet .... en un medio de información importante.

2. Después de pintarla, la casa ha .... muy bonita.

3. El viaje .... mucho más caro que lo previsto.

4. ¡Vamos! .... tarde.

5. Después de su accidente, mi padre .... ciego.

Wussten Sie schon?

Das deutsche *werden* drückt nicht nur eine Veränderung aus, sondern dient auch zur Bildung des Vorgangspassivs. Im Spanischen steht dann **ser** + Partizip oder eine Wendung mit reflexivem Verb.

En este hotel se habla alemán. – *In diesem Hotel wird Deutsch gesprochen.*

14 Welche Definition gehört zu welchem „verbo de cambio"? Ordnen Sie zu!

1. ☐ volverse   **a)** cambio como consecuencia de un acontecimiento, a menudo negativo

2. ☐ quedarse   **b)** transformación importante, metamorfosis

3. ☐ llegar a ser   **c)** cambio radical o inesperado

4. ☐ convertirse en   **d)** cambio pasajero del aspecto físico o del estado de ánimo

5. ☐ ponerse   **e)** cambio gradual, fruto de un esfuerzo

15 Setzen Sie die passende feststehende Wendung oder das passende Verb ein!

1. El mes pasado, mi madre .... enferma.

2. El domingo que viene .... 40 años.

3. En invierno .... temprano.

4. Ayer mi padre .... mucho porque volví a casa muy tarde.

5. Si no abres el paraguas, nos ....

6. Hace mucho que no sé nada de Luis. ¿Sabes qué .... de él?

7. Las dietas para .... en una semana son peligrosas.

1.6 Zahlen

"No hay dos sin tres" sagt ein spanisches Sprichwort. Aller guten Dinge sind drei. Typische Fehlerquellen entstehen bei der Anwendung einiger Grundzahlen, der Ordnungs- und Bruchzahlen.

Zusammengesetzte Zahlen bis 29 schreibt man in einem Wort.

    25 – veinticinco

    35 – treinta y cinco

Die Zahl 100 ist **cien**. Die Zahlen zwischen 101 und 199 werden mit dem Zahlwort **ciento** gebildet.

    cien perros – *hundert Hunde*

    ciento cincuenta y cinco gatos – *einhundertfünfundfünfzig Katzen*

Die Zahlwörter ab **200** sowie das Zahlwort **uno** richten sich im Geschlecht nach dem dazugehörigen Substantiv.

    veintiuna semanas – *einundzwanzig Wochen*

Ordnungszahlen werden in der Regel nur bis 10 verwendet. Anstelle höherer Ordnungszahlen werden meist die **Grundzahlen** gebraucht.

    el Rey Felipe II (Felipe **Segundo**) – *König Philipp II.*

    el siglo **veintiuno** – *das 21. Jahrhundert*

    (*eigentlich müsste es heißen:* el siglo vigesimoprimero)

Vor maskulinen Substantiven verlieren **primero** und **tercero** das **-o**.

    el **primer** día de las vacaciones – *der erste Urlaubstag*

Bei **medio** entfällt die Angabe des Artikels **un**.

    medio litro de vino – *ein halber Liter Wein*

Prozentangaben werden immer mit dem bestimmten Artikel gemacht.

    el cincuenta y cinco por ciento de los españoles

    fünfundfünfzig Prozent der Spanier

16 Schreiben Sie die folgenden Zahlen aus!

1. 16 ....

2. 555 ....

3. 79 ....

4. 93 ....

5. 5.721 ....

17 Schreiben Sie das Zahlwort aus und passen Sie es, wenn nötig, an das folgende Substantiv an!

1. El libro cuesta 21 .... euros.

2. En la urbanización hay 300 .... casas.

3. Todos los 28 .... alumnos escuchan.

4. Quisiera plantar 71 .... rosas.

5. En el pueblo viven 700 .... habitantes.

6. Me ha enviado 101 .... mensajitos.

18 Schreiben Sie das Zahlwort aus!

1. el siglo XV ....

2. Carlos III ....

3. 80 % ....

4. $^1/_3$ de los europeos ....

Typische Fehlerquellen im Wortschatz – kurz und knapp

Gerade beim Wortschatz gilt: ¡Ojo! Augen auf! Denn viele Fehlerquellen können durch ein verstärktes Bewusstsein für die Unterschiede zwischen dem Spanischen und dem Deutschen umgangen werden. Dies gilt insbesondere für die **Falsos Amigos**, die Anwendung von **Redewendungen und Sprichwörtern**, den Gebrauch **häufig verwechselter Wörter** und die **Bedeutungsunterschiede bei wechselndem Artikel**.

Die spanischen „verbos de cambio"

Es gibt keine 1:1-Übersetzung für das deutsche *werden*. Stattdessen betonen die spanischen **verbos de cambio** jeweils unterschiedliche Nuancen der Veränderung.

Zahlen

Das Zahlwort **uno** wird im Geschlecht an das folgende Substantiv angepasst. Dies gilt auch für die Hunderterzahlen ab 200.

    los cuentos de las mil y un**a** noches – *die Märchen aus 1001 Nacht*

Ordnungszahlen werden in der Regel nur bis 10 verwendet, größere Rangordnungen werden mit Grundzahlen wiedergegeben.

    el visitante número **cien mil** – *der 100.000ste Besucher*

Bruchzahlen sind männlich, bei **medio** entfällt jedoch der Zähler **un**.

    medio litro de zumo – *ein halber Liter Saft*

Prozentzahlen werden mit dem bestimmten Artikel angegeben.

    el diez por ciento – *zehn Prozent*

¡Ya lo tengo!

1 Korrigieren Sie in den folgenden Sätzen das „verbo de cambio"!

1. María se ha convertido en nerviosa.

....

2. El Sr. González se volvió director de nuestro instituto.

....

3. ¡No conduzca tan rápido! Puede hacerse peligroso.

....

4. Penélope Cruz se puso famosa en las películas de Almodóvar.

....

5. La comida te ha resultado muy rica.

....

2 Übersetzen Sie!

1. Die Kinder spielen mit dem Ball.

....

2. 25 % der Briefe kommen zu spät an.

....

3. Erlauben Sie mir, dass ich Ihnen meine bessere Hälfte vorstelle?

....

4. Ich kann Spanisch sprechen.

....

3 Setzen Sie die passenden Wörter ein!

novio   partido   amigo   trajo   habíamos quedado

Querida Ana:

¿Cómo estás? ¿Te acuerdas de mi **1.** .... Juan? Ayer, él y yo

fuimos al estadio Bernabéu para ver un **2.** .... de fútbol.

3. .... para las siete, pero a las siete y media Juan

todavía no estaba. Llegó a las ocho menos cuarto, pero no vino solo,

4. .... a su **5.** .... Carlos. En mi próxima

carta te contaré más.

Un abrazo, Luisa.

4 Beschriften Sie die Abbildungen und verwenden Sie dabei den bestimmten Artikel!

1. ....

2. ....

3. ....

4. ....

5. ....

6. ....

2. Grammatik

2.1 Artikel

Die Artikel im Spanischen lauten:

		Maskulinum	Femininum	Neutrum
bestimmter Artikel	Singular	el	la	lo
	Plural	los	las	
unbestimmter Artikel	Singular	un	una	
	Plural	unos	unas	

Vor femininen Substantiven, die mit betontem **a-** bzw. **ha-** beginnen, steht im Singular der maskuline Artikel **el** oder **un**, wenn der Artikel unmittelbar vor dem Substantiv steht.

> **el** hambre – *der Hunger*
> **un** hambre enorme – *ein Riesenhunger*
> <u>ABER</u>: much**a** hambre – *großer Hunger*

Der neutrale Artikel **lo** steht vor substantivierten Adjektiven, Ordnungszahlen und Possessivpronomen.

> **lo** bueno y **lo** malo
> **lo** primero y **lo** último
> **lo** mío y **lo** tuyo

Wussten Sie schon?

Spricht man von einer Familie, verwendet man **los + Nachname im Singular**:
Nuestros vecinos son **los Roca**.

Der maskuline bestimmte Artikel **el** verschmilzt im Singular mit den Präpositionen **a** und **de**.

a + **el** = **al** (Voy **al** teatro.)

de + **el** = **del** (Este es el coche **del** Sr. López.)

Vom Deutschen abweichender Gebrauch des Artikels

Der bestimmte Artikel steht

1. bei **señor/señora** und Titeln, sofern man über eine Person spricht

    La señora Martínez habla con **el** doctor Fernández.

    Frau Martínez spricht mit Dr. Fernández.

2. bei Aussagen allgemeiner Art

    Los gatos tienen siete vidas. – *Katzen haben sieben Leben.*

    El rojo es el color del amor. – *Rot ist die Farbe der Liebe.*

3. bei Zeit- und Datumsangaben

    Son **las** ocho. – *Es ist acht Uhr.*

    Me levanto a **las** seis. – *Ich stehe um sechs Uhr auf.*

    El domingo iré a Sevilla. – *Am Sonntag fahre ich nach Sevilla.*

    Los sábados vamos a bailar. – *Samstags gehen wir tanzen.*

    el 25 de mayo – *der 25. Mai*

4. bei der Beschreibung von Körperteilen

    Luisa tiene **el** pelo rubio. – *Luisa hat blonde Haare.*

5. nach **todo** in der Bedeutung von *alle, jeder, ganz*

    El español se habla en todo **el** mundo.

    Spanisch spricht man auf der ganzen Welt.

Der unbestimmte Artikel im Plural steht

bei ungefähren Mengenangaben

    unos veinte minutos – *ungefähr zwanzig Minuten*
    unos coches – *ein paar Autos*

Der bestimmte Artikel steht nicht

1. nach der Präposition **en** bei Verkehrsmitteln oder Zeitangaben

    El doctor López va **en coche**.
    Dr. López fährt mit dem Auto.
    En enero hace frío. – *Im Januar ist es kalt.*

2. bei Eigennamen und in der Anrede

    Buenas tardes, **señor** Martínez.
    Guten Tag, Herr Martínez.

Der unbestimmte Artikel steht nicht

1. vor **otro** und **medio**.

    Pedimos **otra** botella. – *Wir bestellen noch eine Flasche.*
    medio litro de vino – *ein halber Liter Wein*

2. nach **tener** bei Gegenständen, die man in der Regel nur einmal besitzt

    Tengo coche. – *Ich habe ein Auto.*

1 Setzen Sie den bestimmten Artikel ein, wo er nötig ist!

1. .... avión a Madrid sale a .... diez.

2. Barcelona es .... capital de Cataluña.

3. Me gusta .... paella.

4. Carmen tiene .... piernas largas.

5. Vamos a Zaragoza en .... tren.

6. ¡Buenos días, ... señora González!

7. Trabajamos todos .... días.

2 Setzen Sie bei den folgenden femininen Substantiven den richtigen bestimmten Artikel ein!

1. .... hambre

2. .... alma

3. .... harina

4. .... habitación

5. .... buena hada

3 Setzen Sie den unbestimmten Artikel ein, wo er nötig ist!

1. Voy a comprarme .... coche nuevo.

2. Necesitamos .... medio kilo de harina.

3. Luisita tiene .... novio.

4. Madrid tiene .... 3 millones de habitantes.

4 Kreuzen Sie die richtig gebildeten Zeitangaben an!

1. El lunes iré a Murcia. ❏

2. Al martes volveré a Barcelona. ❏

3. En el agosto muchos españoles van a la playa. ❏

4. En enero llueve mucho en el País Vasco. ❏

5. El 12 de octubre se celebra el Día de la Hispanidad. ❏

5 Welcher Artikel verschmilzt mit der Präposition? Setzen Sie ein!

1. Luisa y sus amigas van .... cine.

2. ¡Pon los jerséis .... armario!

3. .... casa de mis padres hay una sala muy grande.

4. Recibí un mensaje .... señor Rojas.

5. Esta es la casa .... García.

6 Übersetzen Sie!

1. María hat schwarze Augen.

....

2. Am Wochenende besichtigen wir das Museo del Prado.

....

3. Mögen Sie Fisch?

....

2.2 Präpositionen

Präpositionen werden in den verschiedenen Sprachen niemals deckungsgleich verwendet. Im Folgenden werden nur die Präpositionen und ihre Anwendung vorgestellt, die deutschen Lernern erfahrungsgemäß die meisten Schwierigkeiten machen.

Präpositionen zur Angabe einer Richtung oder eines Ortes

a   zur Angabe von Richtungen und Entfernungen
El aeropuerto está **a** doce kilómetros del centro.
Der Flughafen ist zwölf Kilometer von der Innenstadt entfernt.

de   zur Angabe einer Richtung oder Herkunft (*aus, von*)
Los Moreno son **de** Lérida.
Die Morenos sind aus Lérida.

Präpositionen zur Angabe der Zeit

a   zur Angabe einer Uhrzeit oder Tageszeit (*um, am*)
¿**A** qué hora quedamos?
Um wie viel Unr treffen wir uns?

zur Angabe des Datums im Ausdruck **estar a**
¿**A** cuánto estamos? Estamos **a** 2 de mayo.
Den Wievielten haben wir? Wir haben den 2. Mai.

en   bei Zeitangaben mit Monaten, Jahren, Jahrhunderten etc.
En agosto iré de vacaciones.
Im August fahre ich in Urlaub.

En 1492, los Reyes Católicos expulsaron a los moros de Granada.
Im Jahr 1492 haben die Katholischen Könige die Mauren aus Granada vertrieben.

de   zur Präzisierung der Tageszeit oder des Datums
a las diez **de** la mañana – *um 10 Uhr morgens*
el 12 **de** octubre – *am 12. Oktober*

Wussten Sie schon?

Die Präposition **con** verschmilzt mit den Personal-pronomen de⁻ 1. und der 2. Person Singular zu den Sonderformen **conmigo** und **contigo**.

Die spanische Entsprechung der deutschen Präposition *für*

Für das deutsche „für" gibt es im Spanischen zwei Präpositionen: **para** und **por**. Entsprechende Stolperfallen sind vorprogrammiert.

para   zur Angabe einer Absicht, eines Zwecks oder Empfängers

> Tengo un regalo **para** ti. – *Ich habe ein Geschenk für dich.*
> La silla es **para** sentarse. – *Der Stuhl ist zum Sitzen da.*

zur Angabe einer Richtung

> el tren **para** Madrid – *der Zug nach Madrid*

zur Angabe eines Vergleichs (vor allem bei Unerwartetem)

> Paco es grande **para** su edad. – *Paco ist groß für sein Alter.*

por   zur Angabe eines Grundes bzw. einer Ursache

> Muchas gracias **por** tu ayuda. – *Vielen Dank für deine Hilfe.*
> Lo hice **por** ti. – *Ich tat es deinetwegen/dir zuliebe.*

zur Angabe eines Mittels

> Te llamo **por** teléfono. – *Ich rufe dich an.*

für vage Ortsangaben

> Viajo **por** el Norte de España. – *Ich reise durch Nordspanien.*

bei Zeitangaben

> **por** la mañana – *morgens*

zur Angabe eines Preises oder Tauschmittels

> Compré el coche **por** 5.000 euros. – *Ich habe das Auto für 5000 Euro gekauft.*

Die spanische Entsprechung der deutschen Präpositionen *seit* und *vor*

desde zur Bezeichnung eines **Zeitpunktes,** ab dem ein Ereignis eingetreten ist (*seit*)

> Vivimos en España desde 2010.
> *Wir leben seit 2010 in Spanien.*

desde hace zur Bezeichnung eines **Zeitraumes,** ab dem ein Ereignis eingetreten ist, das noch andauert (*seit*)

> Desde hace tres años vivimos en España.
> *Seit drei Jahren leben wir in Spanien.*

hace ... que zur **Betonung eines Zeitraumes,** ab dem ein Ereignis eingetreten ist, das noch andauert (*seit*)

> Hace tres años que vivimos en España.
> *Seit drei Jahren leben wir in Spanien.*

hace zur Bezeichnung eines **Zeitraumes,** wenn die Handlung nicht mehr andauert (*vor*)

> Hace tres años nos mudamos a España.
> *Vor drei Jahren sind wir nach Spanien umgezogen.*

Übungen

7 Wählen Sie die passende Präposition aus!

1. En / Al invierno vamos en / a los Pirineos para esquiar.
2. La Coruña está a / – 500 kilómetros de Madrid.
3. He prestado mi móvil a / – mi hermano.
4. ¿Conoces a / – Laura? Voy al / en el cine con / de ella.
5. En / A esta casa hay tres pisos.
6. Estoy buscando al / – hermano de / a mi amiga.
7. La paella se hace al / con arroz.
8. Mi cumpleaños es al / el 25 de / a agosto.
9. ¿ A / En cuánto estamos? A / El 13 de junio.
10. Luis tuvo un accidente a / en 2012.

8 *Por* oder *para*? Setzen Sie die richtige Präposition ein!

1. ¿Me prestas tu coche .... media hora?
2. El pastel es .... la fiesta de cumpleaños.
3. El año pasado viajamos .... la Patagonia.
4. Es un libro .... adolescentes.
5. Pagué demasiado .... mi coche.
6. En la Copa del Rey yo apuesto .... Barça. ¿Y tú?
7. ¿Dónde está el paraguas? Está .... ahí.
8. Oí la noticia .... la radio.
9. Trabajamos .... vivir, no vivimos .... trabajar.

---

9 *seit* und *vor*: Setzen Sie die richtige Präposition ein!

1. .... diez meses que trabajo en esta empresa.

2. Trabajamos .... cuatro horas.

3. .... la semana pasada llueve sin parar.

4. El tren ha llegado .... treinta minutos.

5. .... tres meses vivimos en Murcia.

6. No he visto a Juan .... el fin de semana.

---

10 Übersetzen Sie!

1. Willst du mit mir ins Kino gehen?

....

2. Den Wievielten haben wir heute? Den 12. Juni.

....

3. Ich schicke dir das Buch mit der Post.

....

4. 1492 entdeckte Christoph Kolumbus (Cristóbal Colón) Amerika.

....

5. Der Zug nach Granada ist schon abgefahren.

....

6. Seit drei Wochen ist María krank.

....

2.3 Konjunktionen

Stolperfallen bei beiordnenden Konjunktionen

Beiordnende Konjunktionen verbinden zwei gleichwertige Satzteile miteinander.

y   Invito a Paco **y** a Juan. – *Ich lade Paco und Juan ein.*

o   ¿Vamos al cine **o** al teatro? – *Gehen wir ins Kino oder ins Theater?*

Wussten Sie schon?

Vor Wörtern, die mit **i**- bzw. **hi**- beginnen, wird **y** zu **e**:
     Paco **e** Inés quieren venir. – *Paco und Inés wollen kommen.*
Vor Wörtern, die mit **o**- bzw. **ho**- beginnen, wird **o** zu **u**:
     Vamos a Bélgica **u** Holanda. – *Wir fahren nach Belgien oder Holland.*

Stolperfallen bei unterordnenden Konjunktionen

Unterordnende Konjunktionen verbinden Haupt- und Nebensätze. Einige unterordnende Konjunktionen ziehen immer den **Subjuntivo** nach sich.

Vgl. Kap. 2.6 Zeiten und Modi

para que (+ SUBJ)   Apúrate para que no llegues tarde.
                              Beeil dich, damit du nicht zu spät kommst.

hasta que (+ SUBJ)   Trabajaremos hasta que nos llames.
                              Wir arbeiten, bis du uns anrufst.

sin que (+ SUBJ)   El ladrón ha desaparecido sin que nadie se haya dado cuenta.
                              Der Dieb ist verschwunden, ohne dass es jemand bemerkt hat.

Unterordnende Konjunktionen mit Indikativ oder Subjuntivo

aunque (+ IND)

El libro me parece interesante aunque todavía no lo he leído.
Das Buch scheint mir interessant zu sein, obwohl ich es noch nicht gelesen habe.
→ der Gegensatz wird betont

aunque (+ SUBJ)

El libro me parece interesante aunque tú digas lo contrario.
Das Buch scheint mir interessant zu sein, auch wenn du das Gegenteil sagst.
→ der Gegensatz ist nicht entscheidend

cuando (+ IND)

Cuando tengo dinero, gasto todo.
Immer wenn ich Geld habe, gebe ich alles aus.
→ **cuando** betont die Gewohnheit

cuando (+ IND)

Cuando tenía 19 años, no querría ahorrar dinero.
Als ich 19 Jahre alt war, wollte ich nicht sparen.
→ **cuando** betont die Tatsache in der Vergangenheit

cuando (+ SUBJ)

Cuando tenga dinero, me voy a comprar un coche.
Sobald ich Geld habe, kaufe ich mir ein Auto.
→ **cuando** betont einen noch unklaren Zeitpunkt in der Zukunft

mientras (+ IND) Luis pone la radio mientras estoy trabajando.
Luis schaltet das Radio ein, während ich arbeite.
→ **mientras** betont die Gleichzeitigkeit

mientras (+ SUBJ) Mientras no estés, trabajaré.
Solange du nicht da bist, arbeite ich.
→ **mientras** bezieht sich auf die unklare Dauer der
Handlung in der Zukunft

siempre que (+ IND) Siempre que llueve, voy en coche.
Immer wenn es regnet, fahre ich mit dem Auto.
→ **siempre que** betont die Gewohnheit

siempre que
(+ SUBJ) Siempre que llueva, voy en coche.
*Vorausgesetzt, dass es regnet, fahre ich
mit dem Auto.*
→ **siempre que** betont die Unklarheit

Wussten Sie schon?

Im Spanischen verwendet man häufig die Konjunktion **sino** (*sondern*).
Diese darf nicht mit **si no** (*wenn nicht*) verwechselt werden.
Folgende Sätze sind inhaltlich völlig unterschiedlich:
    No voy a Madrid, sino a Barcelona.
    Ich fahre nicht nach Madrid, sondern nach Barcelona.

    Voy a Madrid, si no voy a Barcelona.
    Wenn ich nicht nach Barcelona fahre, fahre ich nach Madrid.

11 *y* oder *e*? Setzen Sie die passende Konjunktion ein!

1. ¿Vendrán Octavio .... Luis?

2. Este verano iré a La Coruña .... Oviedo.

3. Me gustaría mucho viajar a Irlanda .... Inglaterra.

4. Anoche fui al cine .... después a un restaurante.

5. Las picaduras de mosquito pueden enrojecer .... hincharse.

12 Verbinden Sie die passenden Satzteile!

1. ☐ No podemos visitar la Alhambra   **a)** cuando vamos al colegio.

2. ☐ Estás de mala leche   **b)** aunque pasemos unas horas en Granada.

3. ☐ Tenemos mucha prisa   **c)** siempre que tu amigo viene tarde.

13 Konjunktionen mit Indikativ oder Subjuntivo. Wählen Sie die passende Form!

1. Voy a comer algo aunque no tengo / tenga hambre.

2. Siempre voy a la cama cuando estoy / esté cansada.

3. Llámame cuando llegas / llegues a casa.

4. Te puedo ayudar mientras estás / estés aquí.

5. Me gusta escuchar música mientras arreglo / arregle mi habitación.

6. Me encanta este coche aunque es / sea caro.

2.4 Pronomen

Personalpronomen

Personalpronomen ersetzen Personen oder Dinge, die Subjekt oder Objekt eines Satzes sein können.

Subjektpronomen

Subjektpronomen werden im Spanischen nur gebraucht, wenn das Subjekt besonders betont werden soll, für Dinge werden sie quasi nie eingesetzt.

Zur Akzentsetzung bei Pronomen vgl. Kap. 3.2

¿Adónde **vas**? – **Voy** al cine.

¿Quién va al cine? – **Yo** voy, **tú** no. (→ besondere Betonung)

Achtung!

Ist ausschließlich von weiblichen Personen die Rede, werden im Plural die femininen Formen der Subjektpronomen verwendet. Sobald auch nur *eine* männliche Person in der Gruppe ist, wählt man die maskuline Form.

Nosotras, es decir, mis amigas y yo, buscamos un piso.

Nosotros, es decir, mi novio Juan y yo, buscamos un piso.

Subjektpronomen können auch auf Präpositionen folgen. Auf die meisten Präpositionen folgen die betonten Formen **mí** und **ti**. Nach **entre**, **según** und **menos** stehen jedoch die unbetonten Formen **yo** und **tú**.

Mit der Präposition **con** verschmelzen die 1. und 2. Person Singular zu **conmigo** und **contigo**.

Objektpronomen

Die **direkten** Objektpronomen **me, te, lo/la, nos, os, los/las** ersetzen ein direktes Objekt (Frage: Wen oder was?). Das unpersönliche **lo** steht für komplexe Sinnzusammenhänge, etwa für einen Sachverhalt oder einen ganzen Satz.

Ayer vi **a Luisa** en el cine. → **La** vi en el cine.
Gestern habe ich Luisa im Kino gesehen. → *Ich habe sie im Kino gesehen.*

Ayer vi **la película** en el cine. → **La** vi en el cine.
Gestern habe ich den Film im Kino → *Ich habe ihn im Kino gesehen.*
gesehen.

Ana vendrá mañana. → **Lo** sé.
Morgen kommt Ana. → *Das weiß ich.*

¿Crees **que viene**? → ¿**Lo** crees?
Glaubst du, dass sie kommt? → *Glaubst du es?*

Die **indirekten** Objektpronomen **me, te, le, nos, os, les** ersetzen ein indirektes Objekt (Frage: Wem?). Anders als bei den direkten Objektpronomen wird in der 3. Person nicht nach dem Geschlecht unterschieden.

Doy el libro **a Juan**. → **Le** doy el libro.
Ich gebe Juan das Buch. → *Ich gebe ihm das Buch.*

Doy el libro **a Ana**. → **Le** doy el libro.
Ich gebe Ana das Buch. → *Ich gebe ihr das Buch.*

Wussten Sie schon?

Zur Betonung im Satz kann ein Objekt zweimal im Satz auftauchen:
Le doy el libro **a Paco**, no a Lola.
Ich gebe Paco das Buch, nicht Lola.

Stellung der Objektpronomen

1. Die Pronomen stehen üblicherweise **vor** dem konjugierten Verb.
   Le he dado el libro. – *Ich habe ihm das Buch gegeben.*

2. Bei Satzkonstruktionen mit Infinitiv oder Gerundium können die Pronomen auch an den **Infinitiv** oder das **Gerundium angehängt** werden. Dabei muss ggf. ein Akzent gesetzt werden, um die ursprüngliche Betonung zu erhalten.
   Tengo que dar**le** el libro. – *Ich muss ihm das Buch geben.*
   Paco está ley**é**ndo**lo**. – *Paco liest es gerade.*

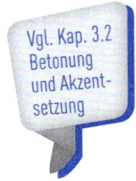

Vgl. Kap. 3.2 Betonung und Akzentsetzung

3. Im **bejahten Imperativ** werden die Pronomen **immer angehängt**. Auch hier muss ggf. ein Akzent gesetzt werden.
   ¡Lee el libro! → ¡L**é**elo!

4. Kommen in einem Satz **mehrere Objektpronomen** vor, steht das **indirekte Objekt vor** dem **direkten Objekt**.
   Te doy el libro. → **Te lo** doy.

Achtung!

Stoßen die Pronomen der 3. Person aufeinander, werden le und les zu se.
María **le** da **el libro**.	→	María **se lo** da.
María gibt ihm das Buch.	→	*María gibt es ihm.*

Possessivpronomen und -begleiter

Possessivpronomen und -begleiter sind besitzanzeigende Fürwörter.

Unbetonte Possessivbegleiter

Die unbetonten Possessivbegleiter mi, tu, su, nuestro, vuestro, su stehen **vor** dem Substantiv, an das sie im Numerus angepasst werden. **Nuestro** und **vuestro** richten sich auch im Genus nach dem Substantiv.

> Juan es **mi** amigo. – *Juan ist mein Freund.*

Betonte Possessivbegleiter

Die betonten Possessivbegleiter mío, tuyo, suyo, nuestro, vuestro, suyo stehen **hinter** dem Substantiv, nach dem sie sich in Numerus und Genus richten.

> ¿Juan, quién es? – Es un amigo **mío**.
> *Juan? Wer ist das? – Ein Freund von mir.*

Possessivpronomen

Die Possessivpronomen (el) mío, (el) tuyo, (el) suyo, (el) nuestro, (el) vuestro, (el) suyo ersetzen ein Substantiv. Stehen sie allein oder in Verbindung mit **ser**, entfällt der Artikel.

> ¿De quién es este coche? – Es **mío**.
> *Wem gehört dieses Auto? – Es ist meins.*

> Mi coche es viejo, pero **el tuyo** es nuevo.
> *Mein Auto ist alt, aber deins ist neu.*

Demonstrativpronomen und -begleiter

Nähe und Ferne werden im Spanischen differenzierter betrachtet als im Deutschen. Entsprechend gibt es drei hinweisende Fürwörter, wo das Deutsche nur *dieses* und *jenes* kennt.

este, weist auf etwas hin, das sich räumlich oder zeitlich in der Nähe des
esta, Sprechers befindet.
esto Te quiero recomendar **este** libro.
Ich möchte dir dieses Buch (hier) empfehlen.

ese, weist auf etwas hin, das sich räumlich oder zeitlich in der Nähe des
esa, Angesprochenen befindet.
eso ¿Me puedes recomendar **ese** libro?
Kannst du mir das Buch (da) empfehlen?

aquel, weist auf etwas hin, das vom Sprecher und vom Angesprochenen
aquella, räumlich oder zeitlich entfernt ist.
aquello ¿Te acuerdas de **aquel** libro que nos recomendó Paco el año pasado?
Erinnerst du dich an das Buch, das uns Paco letztes Jahr empfohlen hat?

Die neutralen Formen **esto, eso** und **aquello** stehen nie zusammen mit einem Substantiv, sondern verweisen auf Sinnzusammenhänge oder noch unbekannte Sachverhalte, z. B. in Fragen.
¿Qué es **eso**? – *Was ist das?*

Wussten Sie schon?

Seit 2011 werden die Demonstrativ*pronomen* auf Empfehlung der *Real Academia Española* (der Königlichen Spanischen Akademie für Sprache) ohne Akzent geschrieben. Zuvor trugen sie einen Akzent (éste, ése, aquél), um sie von den Demonstrativ*begleitern* (optisch) zu unterscheiden.

Übungen

---

14 **Setzen Sie, wenn nötig, die passende Form des Subjektpronomens ein!**

1. Nosotros .... vamos a la playa.

2. ¿Y vosotras ....? ¿Vosotras .... vais también?

3. Todo está bien entre tú .... y yo ....

4. ¿Quieres ir al cine con yo ....?

5. El café es para yo .... y el té para tú ....

---

15 **Ersetzen Sie das unterstrichene Objekt durch ein Pronomen!**

1. Juan regala flores a su madre.

....

2. Veo a María.

....

3. ¿Crees que va a nevar?

....

4. El padre dio un chocolate a su hijo.

....

5. ¿Puedo regalar un jersey a mi hermana?

....

6. ¡No! ¡Regala una camiseta a tu hermana!

....

Übungen

16 Bringen Sie die Wörter in die richtige Reihenfolge!

1. ustedes   se   regalo   las   a

....

2. ?   pizza   estoy   ¿   haciendo   la   !   ya   i   la

....

3. ¿   película   has   he   visto   esta   la   ?   visto   sí

....

17 Setzen Sie den passenden Possessivbegleiter bzw. das passende Possessivpronomen ein!

1. Las maletas tú ...., ¿dónde están?

2. Yo .... maletas todavía están en el coche.

3. Este coche, ¿es tú .... o ella ....?

4. Es nosotros .... El vosotros .... está en el garaje.

18 Wählen Sie den passenden Demonstrativbegleiter bzw. das passende Demonstrativpronomen!

1. ¿Conoces a esa / aquella chica que está en el centro de la plaza?

2. Por favor, idame este / ese abrigo que está al lado tuyo!

3. ¡No hables tanto! Todo aquello / esto no me interesa.

4. Aquel / Este es mi marido y este / ese chico ahí es mi hijo.

2.5 Ser, estar und hay

Zu den, aus deutscher Sicht, Tücken der spanischen Sprache gehören die beiden Paare **ser** und **estar** sowie **estar** und **hay**. Denn die Nuancen des Verbs „sein" werden im Deutschen nicht so fein unterschieden. Doch **ser, estar** und **hay** werden nicht willkürlich verwendet, es gibt klare Regeln, die die Sache einfacher machen. Und am Ende heißt es dann: ¡No hay problema!

Der Gebrauch von ser

Was auch immer über María im Bild oben gesagt wird: Es geht jeweils um etwas ganz Wesentliches. **Ser** dient zur Beschreibung charakteristischer Eigenschaften:
- dazu gehören Angaben zu einer Person wie
    - **Nationalität**
    - **Herkunft**
    - **Beruf**
    - **Verwandtschaftsgrad**
    - **Charaktermerkmale**
- sowie die Beschreibung **typischer Eigenschaften** von Sachen und Gegenständen.

Darüber hinaus verwendet man **ser** in Verbindung mit Datum, Wochentagen, Tages- und Uhrzeiten für **Zeitangaben**.

> Hoy **es** lunes. – *Heute ist Montag.*
> **Son** las seis de la mañana. – *Es ist sechs Uhr früh.*

ser + **Partizip Perfekt** dient zur Bildung des **Vorgangspassivs**.

> Valencia **fue fundada** por los romanos.
> *Valencia wurde von den Römern gegründet.*

Der Gebrauch von estar

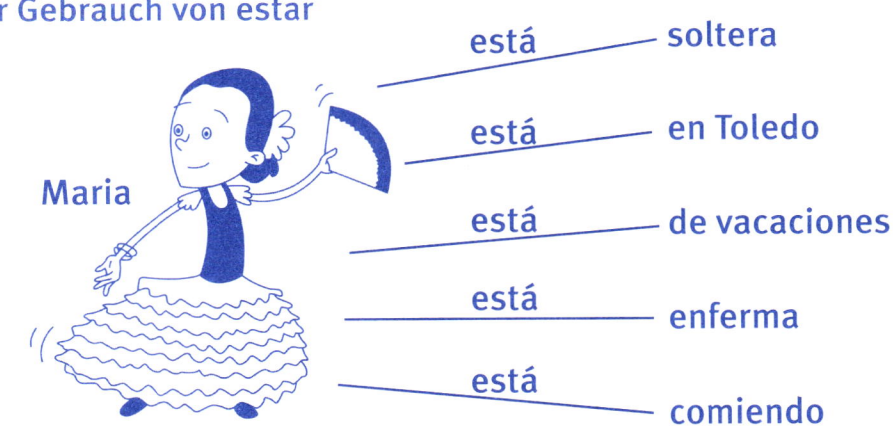

Hier geht es darum, wo María in diesem Moment ist, was sie gerade tut und wie es ihr geht. Estar drückt immer einen veränderlichen Zustand aus.

Bei **Zeitangaben** verwendet man estar nur in der **1. Person Plural** in Verbindung mit den Präpositionen **a** (Datum) oder **en** (Jahreszeit).

> ¿A cuánto **estamos**? **Estamos a** 12 de junio.
> *Den Wievielten haben wir? Wir haben den 12. Juni.*
> **Estamos en** pleno verano. – *Wir haben Hochsommer.*

estar + **Partizip Perfekt** dient zur Bildung des **Zustandspassivs**.

> Valencia **está situada** en el este de España.
> *Valencia ist im Osten Spaniens gelegen.*

estar + **Gerundio** zeigt an, dass eine Handlung gerade eben abläuft.

> **Estamos comiendo.** – *Wir essen gerade.*

Der Gebrauch von estar und hay bei Ortsangaben

Man verwendet **estar**, wenn das **Subjekt näher bestimmt** ist. Dies kann z. B. durch die Verwendung eines Eigennamens, eines bestimmten Artikels oder näher definierenden Begleiters de Fall sein.

> El restaurante "La Cepa Vieja" **está** en Valencia.
> *Das Restaurant „La Cepa Vieja" ist in Valencia.*

> El restaurante **está** en la calle San Vicente.
> *Das Restaurant ist in der Calle San Vicente.*

Die unpersönliche Form **hay** kommt zum Einsatz, wenn das **Subjekt nicht näher bestimmt** ist. Dies kann z. B. bei der Verwendung des unbestimmten Artikels oder der Auslassung des Artikels der Fall sein, ebenso bei der Angabe von Mengen und Zahlen und bei Indefinitpronomen wie z. B. **mucho**.

> Hay más de 50 restaurantes en Valencia.
> *Es gibt mehr als 50 Restaurants in Valencia.*

> Hay muchos turistas en Sevilla.
> *Es gibt viele Touristen in Sevilla.*

19 **Ordnen Sie den Sätzen die passende Begründung für den Gebrauch von *ser* und *estar* zu!**

1. ☐ Juana es española.

2. ☐ El coche es azul.

3. ☐ Estamos de viaje.

4. ☐ El pan está duro.

5. ☐ El coche está estropeado.

a) La voz pasiva del estado indica un estado después de realizar una acción.

b) Esta frase describe algo pasajero.

c) El adjetivo describe un estado, no algo típico.

d) La nacionalidad es una característica.

e) Los colores son rasgos característicos.

20 **Setzen Sie *ser*, *estar* oder *hay* ein!**

1. ¿Dónde .... la catedral?

2. No lo sé, no .... de Barcelona, ... de Madrid.

3. Los coches .... en el aparcamiento.

4. Los coches .... verdes, pero casi no se los puede reconocer, porque .... tan sucios.

5. ¿Cuántos coches .... delante de la casa? .... cinco coches.

6. La familia López .... sentada en la cocina.

7. ¿Qué hora .... ?

8. En el primer piso .... varios despachos.

2.6 Zeiten und Modi

Presente

Ein Großteil der Verben wird im Präsens regelmäßig gebildet. Bei einigen Verben kann es zu Veränderungen im Stamm kommen:

Typ e → ie Bsp. comenzar	comienzo, comienzas, comienza comenzamos, comenzáis comienzan

Ebenso konjugiert werden z. B. cerrar, entender, pensar, preferir, sentir.

Typ o → ue Bsp. contar	cuento, cuentas, cuenta contamos, contáis cuentan

Ebenso konjugiert werden z. B. mostrar, mover, probar, soñar.

Ein Sonderfall ist das Verb **jugar**, bei dem das **-u-** zu **-ue-** diphthongiert: j**ue**go, j**ue**gas, j**ue**ga, jugamos, jugáis, j**ue**gan.

Typ e → i Bsp. pedir	pido, pides, pide pedimos, pedís piden

Lerntipp

Am besten lernen Sie bei den Verben mit Stammvokalwechsel die 1. Person Singular Präsens immer gemeinsam mit dem Infinitiv.

Ebenso konjugiert werden: corregir, reír, repetir, seguir, servir, vestir.

Das **Presente** wird weitgehend deckungsgleich mit dem deutschen Präsens verwendet.

Perfecto

Das Perfecto wird gebildet mit den konjugierten Präsensformen des Hilfsverbs **haber** und dem Partizip Perfekt.

Um dieses Partizip zu bilden, hängt man an den Stamm des Infinitivs des betreffenden Verbs folgende Endungen an:

-ar → -ado:	llegar	→	llegado
-er → -ido:	comer	→	comido
-ir → -ido:	vivir	→	vivido

llegar: he llegado, has llegado, ha llegado
hemos llegado, habéis llegado
han llegado

Es gibt einige **unregelmäßige Partizipien:**

hacer	→	hecho	abrir	→	abierto
poner	→	puesto	cubrir	→	cubierto
ser	→	sido	decir	→	dicho
ver	→	visto	escribir	→	escrito
volver	→	vuelto	ir	→	ido

Das **Perfecto** wird längst nicht so häufig angewendet, wie deutsche Spanischlerner es aufgrund der formalen Ähnlichkeit zum deutschen Perfekt oftmals annehmen.

Im Allgemeinen verwendet man das Perfekt, wenn **einmalige Handlungen oder Ereignisse** in einem Zeitraum stattgefunden haben, der **noch nicht abgeschlossen** ist. Schlüsselwörter sind z. B. **hoy, esta semana, este año, ya, alguna vez, nunca.**

Indefinido

Die Formen des **Indefinido** werden bei den meisten regelmäßigen Verben ohne Besonderheiten gebildet. Dies gilt auch für die meisten Verben, die im Präsens den
Stammvokal **e → ie** und **o → ue** diphthongieren, da alle Formen des Indefinido
endungsbetont sind. Nur bei Verben mit Stammvokalwechsel auf **-ir** ändert sich
dieser in der 3. Person Singular und Plural (z. B. sentir (e → i): sintió, sintieron;
dormir (o → u): durmió, durmieron; pedir (e → i): pidió, pidieron).

	yo	tú	el/ella, usted	nosotros, -as	vosotros, -as	ellos, -as
-ar	-é	-aste	-ó	-amos	-asteis	-aron
-er	-í	-iste	-ió	-imos	-isteis	-ieron
-ir	-í	-iste	-ió	-imos	-isteis	-ieron

vgl. Kap. 3
Aussprache
und Recht-
schreibung

Zu beachten sind jedoch einige, durch die Aussprache bedingte, orthografische
Änderungen:

lle**g**ar (*ankommen*) → lle**gu**é, comen**z**ar (*anfangen*) → comen**c**é

vgl. Kap. 2.7
Unregel-
mäßige
Verben

Unregelmäßige Verben bilden im Indefinido fast ausnahmslos unregelmäßige Formen:

hacer → hice, querer → quise, ser → fui

Das **Indefinido** steht

- bei **einmaligen, abgeschlossenen** Handlungen und Ereignissen
  Ayer **compré** nuevos zapatos.
- bei **aufeinanderfolgenden abgeschlossenen** Handlungen und Ereignissen
  Llegué al aeropuerto, **tomé** un taxi y **fui** al centro.
- bei **neu einsetzenden** Handlungen, die beginnen, während eine andere Handlung bereits stattfindet (vgl. Imperfecto)
  Estaba durmiendo cuando **sonó** el teléfono.

Imperfecto

Die meisten Verben bilden das Imperfecto regelmäßig.

	yo	tú	el/ella, usted	nosotros, -as	vosotros, -as	ellos, -as
-ar	-aba	-abas	-aba	-ábamos	-abais	-aban
-er	-ía	-ías	-ía	-íamos	-íais	-ían
-ir	-ía	-ías	-ía	-íamos	-íais	-ían

Es gibt nur drei Verben mit unregelmäßigen Imperfecto-Formen:

	yo	tú	el/ella, usted	nosotros, -as	vosotros, -as	ellos, -as
ser	era	eras	era	éramos	erais	eran
ir	iba	ibas	iba	íbamos	ibais	iban
ver	veía	veías	veía	veíamos	veíais	veían

Das **Imperfecto** steht:
- bei **Beschreibungen**, z. B. Eigenschaften von Personen oder Gegenständen
    El hombre **era** alto y delgado.
- bei **Zeitangaben**, z. B. bei Datum, Uhrzeit, Tageszeit
    Eran las cuatro de la tarde.
- bei Gewohnheiten, d. h. bei Handlungen oder Zuständen, die sich in der Vergangenheit regelmäßig wiederholt haben. Schlüsselwörter sind z. B. **antes, cada día, siempre, todos los días**
- bei gleichzeitig ablaufenden Handlungen
    Mientras **arreglaba** la casa, **oía** música.
- einer bereits ablaufenden Handlung, wenn eine andere Handlung neu einsetzt (vgl. Indefinido)
    Estaba durmiendo cuando sonó el teléfono.

Pluscuamperfecto

Das **Pluscuamperfecto** wird gebildet mit den Imperfekt-Formen von **haber** und dem Partizip Perfekt. Mit ihm werden Handlungen ausgedrückt, die bereits vor einer anderen Handlung in der Vergangenheit geschehen sind.

> Ya **había buscado** medio año cuando finalmente encontró un nuevo piso.
> *Er hatte schon ein halbes Jahr gesucht, als er endlich eine neue*
> *Wohnung fand.*

Futuro

Für die Bildung des Futurs werden bei regelmäßigen Verben die folgenden Endungen an den Infinitiv angehängt, die für alle Verbklassen gleich sind:

> **-é, -ás, -á, -emos, -éis, -án.**

vgl. Kap. 2.7
Unregel-
mäßige
Verben

Bei unregelmäßigen Verben werden die Endungen nicht an den Infinitiv, sondern an den jeweiligen Futurstamm angehängt.

> **poder**   po**dr**é, po**dr**ás, po**dr**á, po**dr**emos, po**dr**éis, po**dr**án

Das **Futuro** steht
- bei **Handlungen und Ereignissen**, die in der **Zukunft** stattfinden
- zum Ausdruck einer Vermutung oder Wahrscheinlichkeit

Wussten Sie schon?

Während im Deutschen eine zukünftige Handlung auch im Präsens stehen kann, sofern eine Zeitangabe auf die Zukunft hinweist (*Morgen gehe ich ins Kino.*), wird im Spanischen das Futur konsequenter verwendet. In der Umgangssprache benutzt man aber häufig auch **ir a + Infinitiv** für die nahe Zukunft: Mañana **voy a ir** al cine.

Condicional

Die Formen des **Condicional** leiten sich vom selben Stamm ab wie die Formen des Futur. D. h. bei regelmäßigen Verben werden die Endungen **-ía, -ías, -ía, -íamos, -íais, -ían** an den Infinitiv, bei unregelmäßigen Verben an den Futurstamm angehängt.

vgl. Kap. 2.7
Unregel-
mäßige
Verben

cantar	cantar**ía**, cantar**ías**, cantar**ía**
	cantar**íamos**, cantar**íais**
	cantar**ían**

tener	ten**dría**, ten**drías**, ten**dría**
	ten**dríamos**, ten**dríais**
	ten**drían**

Das **Condicional** steht:
- bei **Hypothesen** und möglichen Handlungen oder Ereignissen
  ¿Qué **harías** tú en este caso?
- bei **Ratschlägen** und **höflichen Bitten**
  Podrías llamar a Luisa.
- als **Folge einer unerfüllbaren Bedingung**
  Si tuviera dinero, me **compraría** un Ferrari.
  Wenn ich Geld hätte, würde ich
  mir einen Ferrari kaufen.

vgl. Kondi-
tionalsätze
im Kap. 2.8
Satzbau

Subjuntivo

Der **Subjuntivo** ist keine Zeitform, sondern ein Modus. Mit ihm wird also nicht ausgedrückt, wann etwas geschieht, sondern wie die Einstellung des Sprechers zum Gesagten ist. Während der **Indicativo** das Gesagte als Tatsache darstellt, drückt der **Subjuntivo** eine persönliche Wertung aus.

Presente de Subjuntivo

Die regelmäßigen Formen des **Presente de Subjuntivo** werden abgeleitet von der 1. Person Singular des Indikativ Präsens.

	yo	tú	el/ella, usted	nosotros, -as	vosotros, -as	ellos, -as
-ar	-e	-es	-e	-emos	-éis	-en
-er	-a	-as	-a	-amos	-áis	-an
-ir	-a	-as	-a	-amos	-áis	-an

Verben, die im Präsens den Stammvokal wechseln, tun dies also auch im Presente de Subjuntivo: **contar → cuente, perder → pierda, pedir → pida**

vgl. Kap. 2.7 Unregelmäßige Verben

Das Gleiche gilt für Verben auf **-ecer, -ocer** und **-ucir,** die die 1. Person Singular Präsens mit **-zc-** bilden: condu**zc**o → condu**zc**a

Bei vielen unregelmäßigen Verben werden die Endungen des **Presente de Subjuntivo** an einen eigenen Subjuntivo-Stamm angehängt:

> **ser → sea, tener → tenga**

Der **Subjuntivo** steht

- im Hauptsatz zum Ausdruck eines Wunsches
  > ¡Que **aproveche**! – *Lass es dir schmecken!*
  > ¡Ojalá **venga** pronto! – *Hoffentlich kommt er/sie bald!*
- im Nebensatz nach Ausdrücken des **Wünschens, Bittens, Vorschlagens**
  > Quiero que **vengas** temprano. – *Ich will, dass du früh kommst.*
- im Nebensatz nach **Forderungen** und **Verboten**
  > Los padres prohíben que sus hijos **fumen**.
  > *Die Eltern verbieten, dass ihre Kinder rauchen.*

- im Nebensatz nach Ausdrücken der **Gefühlsäußerung** wie Gefallen, Missfallen, Freude, Ärger, Bedauern, Erstaunen

> Me alegro de que nos **hayamos** visto.
> *Ich freue mich, dass wir uns gesehen haben.*

- im Nebensatz nach **unpersönlichen Ausdrücken**, die eine Wertung beinhalten

> Es necesario que **aprendas** la gramática.
> *Es ist notwendig, dass du die Grammatik lernst.*

- im Nebensatz nach einigen **Konjunktionen**

> ¡Arregla tu habitación para que **puedan** venir tus amigos!
> *Räum dein Zimmer auf, damit deine Freunde kommen können!*

vgl. Kap. 2.3
Konjunk-
tionen

- im **Relativsatz**, wenn dieser einen Wunsch enthält

> Busco una casa que **tenga** un jardín.
> *Ich suche ein Haus, das einen Garten haben soll.*

Imperativo

Auch der **Imperativo** – die Befehlsform – ist ein Modus.

Der **bejahte Imperativo** für **tú** und **vosotros** leitet sich ab vom **Presente de Indicativo**, die übrigen Formen leiten sich ab vom **Subjuntivo**.

-ar Bsp. llegar	–, llega, llegue lleguemos, llegad lleguen
-er Bsp. comer	–, come, coma comamos, comed coman
-ir Bsp. escribir	–, escribe, escriba escribamos, escribid escriban

Einige unregelmäßige Verben bilden Sonderformen für **tú**:

> hacer → haz
> poner → pon
> tener → ten

Das Verb **ir** bildet die Sonderform **vamos** für die 1. Person Plural.

vgl. Kap. 3.2
Betonung
und Akzent-
setzung

Reflexiv- und Objektprono-men werden beim **bejahten Imperativo** immer angehängt. Der betonte Vokal wird dann mit Akzent gekennzeichnet.

> ¡L**á**va**te**!
> *Wasch dich!*

Der **verneinte Imperativo** ent-spricht den Formen des **Sub-juntivo Präsens**.

> ¡No te muevas!
> *Beweg dich nicht!*

Wussten Sie schon?

Im Spanischen dient der Infinitiv auch als Imperativ. Allerdings nur dann, wenn Anweisungen nicht an einen bestimmten Adressaten gehen, sondern an die Allgemeinheit herangetragen werden. Deshalb kann man in so manchem Museum auch Folgendes lesen: **No tocar las esculturas.**

21 Setzen Sie die Verbformen in die angegebene Zeit bzw. den Modus!

1. cuentas   Indefinido: ....   Futuro: ....

2. llego   Subjuntivo: ....   Indefinido: ....

3. piden   Imperfecto: ....   Indefinido: ....

4. trabajamos   Futuro: ....   Imperfecto: ....

5. escribes   Perfecto: ....   Indefinido: ....

22 Setzen Sie die Verben in die korrekte Zeit der Vergangenheit!

1. El verano pasado estar (yo) .... en Granada.

2. Hacer .... un tiempo magnífico. El sol brillar .... y todos los días hacer .... 30 grados.

3. Cuando llegar .... al aeropuerto, tomar .... un taxi y ir .... al hotel.

4. Ser .... un hotel barato pero cómodo.

5. Al día siguiente visitar .... la Alhambra.

6. Mientras admirar .... el patio de los leones, alguien me robar .... el bolso.

7. No saber .... qué hacer.

8. De repente venir .... un policía que ya detener .... al ladrón.

9. Este me devolver .... el bolso en seguida. ¡Qué suerte!

10. ¿Y tú? ¿ estar .... en Granada alguna vez?

23 Setzen Sie den Imperativo jeweils in die bejahte bzw. verneinte Form!

1. no te levantes ....

2. abrid la ventana ....

3. no vayáis a la playa ....

4. no te pongas un abrigo ....

24 Setzen Sie die Subjuntivo-Formen ein!

1. Quiero que tú conocer .... a mis padres.

2. Espero que Vds. venir .... temprano.

3. Es extraño que José llegar .... tarde.

4. Siento que no tú, poder .... venir.

5. Buscamos un piso que ser .... más grande.

6. Los padres prefieren que les nosotros, decir .... la verdad.

2.7 Unregelmäßige Verben

Das Spanische kennt einige unregelmäßige Verben, die schlichtweg gelernt werden müssen. Aber keine Panik! In vielen Fällen muss man meist nur die Form für die 1. Person Singular kennen, von der die übrigen Formen abgeleitet werden können. In den folgenden Tabellen werden nur die unregelmäßigen Formen aufgelistet.

	Presente	Imperfecto	Indefinido	Perfecto	Futuro	Subjuntivo
ser	soy eres es somos sois son	era	fui fuiste fue fuimos fuisteis fueron	he sido	seré	sea seas sea seamos seáis sean
estar	estoy estás está estamos estáis están	estaba	estuve estuvo	he estado	estaré	esté estés esté estemos estéis estén
haber	he has ha/hay hemos habéis han	había	hube hubo	ha habido	ha**b**ré	ha**y**a

Wussten Sie schon?

Das Verb **haber** ist ein Hilfsverb und wird ausschließlich zur Bildung der zusammengesetzten Zeiten verwendet. Als Vollverb besitzt **haber** nur eine unpersönliche Form: **hay** (*es gibt*).

	Presente	Imperfecto	Indefinido	Perfecto	Futuro	Subjuntivo
dar	doy das da damos dais dan	daba	di dio	he dado	daré	dé des dé demos deis den
decir	digo dices dice decimos decís dicen	decía	dije dijo dijeron	he **dicho**	diré	diga
hacer	hago haces hace hacemos hacéis hacen	hacía	hice hizo	he **hecho**	haré	haga

¡QUÉ SUERTE!
NO TODAS LAS FORMAS
SON IRREGULARES.

	Presente	Imperfecto	Indefinido	Perfecto	Futuro	Subjuntivo
ir	voy vas va vamos vais van	iba	fui fuiste fue fuimos fuisteis fueron	he ido	iré	**vay**a
oír	oigo oyes oye oímos oís oyen	oía	oí oíste oyó oímos oísteis oyeron	he oído	oiré	oiga
poder	puedo puedes puede podemos podéis pueden	podía	pude pudo	he podido	po**dr**é	pueda
poner	pongo pones pone ponemos ponéis ponen	ponía	puse puso	he **puesto**	po**ndr**é	ponga
querer	quiero quieres quiere queremos queréis quieren	quería	quise quiso	he querido	que**rr**é	quiera

	Presente	Imperfecto	Indefinido	Perfecto	Futuro	Subjuntivo
saber	sé sabes sabe sabemos sabéis saben	sabía	supe supo	he sabido	sabré	sepa
tener	tengo tienes tiene tenemos tenéis tienen	tenía	tuve tuvo	he tenido	tendré	tenga
traer	traigo traes trae traemos traéis traen	traía	traje trajo	he traído	traeré	traiga
venir	vengo vienes viene venimos venís vienen	venía	vine vino	he venido	vendré	venga
ver	veo ves ve vemos veis ven	veía	vi vio	he **visto**	veré	vea

¡YA TENGO CLARAS LAS FORMAS IRREGULARES!

Übungen

25 Setzen Sie die Verbformen in die angegebene Zeit bzw. den Modus!

1. haces   Indefinido: ....   Futuro: ....

2. tengo   Subjuntivo: ....   Indefinido: ....

3. ve   Imperfecto: ....   Indefinido: ....

4. es   Indefinido: ....   Imperfecto: ....

5. dicen   Perfecto: ....   Indefinido: ....

26 Setzen Sie die Verbformen jeweils in den Singular bzw. Plural!

1. oyes: ....   **2.** hicieron: ....

3. demos: ....   **4.** pusimos: ....

5. pondrás: ....   **6.** decimos: ....

7. sepa: .... + ...

27 Ordnen Sie die Verbformen zu!

1. ☐ tuviste   **a)** 3. Person Singular Indefinido

2. ☐ pondréis   **b)** 1. Person Plural Imperfecto

3. ☐ hizo   **c)** 3. Person Plural Condicional

4. ☐ digan   **d)** 2. Person Singular Indefinido

5. ☐ éramos   **e)** 3. Person Plural Subjuntivo

6. ☐ querrían   **f)** 2. Person Plural Futuro

2.8 Die spanische Satzstellung

Aussagesatz

Die Satzstellung im einfachen Aussagesatz folgt dem Grundmuster **Subjekt – Prädikat – Objekt,** wobei – anders als im Deutschen – durch den Wegfall der Personalpronomen Subjekt und Prädikat zusammenfallen können.

> **Ana** viaja por Andalucía.
>
> Viaja por Andalucía.

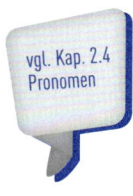

vgl. Kap. 2.4
Pronomen

Hat ein Satz zwei Objekte, steht **das direkte vor dem indirekten Objekt**.

> Ana regala **el libro a su padre**. – *Ana schenkt ihrem Vater das Buch.*
>
> Ana **se lo** regala. – *Ana schenkt es ihm.*

In der Stellung von **adverbialen Bestimmungen** ist das Spanische relativ frei. Es gilt die Grundregel: Am Satzanfang werden sie besonders betont, am Satzende sind sie weniger wichtig. Am Satzanfang können auch mehrere adverbiale Bestimmungen stehen.

> **El año pasado en Barcelona** conocí a un actor famoso.
>
> *Letztes Jahr habe ich in Barcelona einen berühmten Schauspieler kennengelernt.*
>
> → hier ist der Ort genauso wichtig wie der Zeitpunkt
>
> **El año pasado** conocí a un famoso actor **en Barcelona**.
>
> → hier ist der Zeitpunkt wichtig, der Ort aber eher zweitrangig

Soll das Objekt **besonders betont** werden, wird es an den Anfang des Satzes gestellt. In diesem Fall muss es durch das dazugehörige Objektpronomen vor dem Verb noch einmal wiederholt werden. Geläufig ist diese **Verdoppelung** z. B. in der Wendung **a mí me gusta**.

> **A Carlos** no **lo** he visto desde hace mucho tiempo.
>
> *Carlos habe ich schon lange nicht mehr gesehen*.
>
> **A mí me gusta** mucho ir al cine. – *Ich gehe gern ins Kino*.

Soll ein bestimmter Satzteil besonders hervorgehoben werden, kann dieser auch an den Satzanfang geschoben werden, indem man einen Relativsatz mit **lo que ... es (que)** bildet. Vor allem in der Umgangssprache hört man diese Konstruktionen sehr häufig.

No sé dónde hemos quedado.

Ich weiß nicht, wo wir uns verabredet haben.

→ neutral

Lo que no sé **es** dónde hemos quedado.

→ betont wird die Tatsache, dass der Sprecher nicht weiß, wo er sich verabredet hat – und möglicherweise schon verzweifelt sucht.

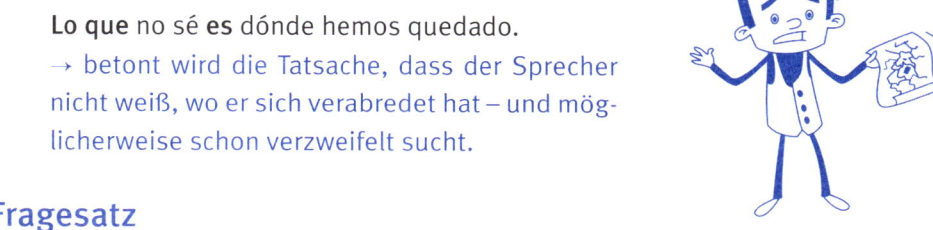

Fragesatz

Im Fragesatz mit **Fragepronomen** wird das Subjekt in der Regel hinter das Verb gestellt.

¿Dónde han quedado Juan y María?

Wo haben sich Juan und María verabredet?

In einer **Ja/Nein-Frage** kann das Subjekt hinter das Verb gestellt werden.

¿Han quedado Juan y María?

Haben sich Juan und María verabredet?

Es kann aber auch die Satzstellung des Aussagesatzes beibehalten werden. Die Frage wird dann durch die Satzmelodie erkannt.

¿Juan y María han quedado?

Nebensatz

Im Nebensatz gilt die gleiche Satzstellung wie im Hauptsatz: S-P-O.

No quiero pasearme porque esta lluvia me deprime.

Ich will nicht spazierengehen, weil mich dieser Regen deprimiert.

Konditionalsätze

In **erfüllbaren Bedingungssätzen** steht der **si-Satz** im **Präsens** und der **Hauptsatz** im **Präsens** oder **Futur**.

> Si **llueve**, me **quedo** en casa. – *Wenn es regnet, bleibe ich zu Hause.*
>
> Si **continúa** lloviendo, **tendré** que comprarme un paraguas.
>
> *Wenn es weiterregnet, werde ich mir einen Schirm kaufen müssen.*

In **unerfüllbaren, irrealen Bedingungssätzen** steht der **si-Satz** im **Subjuntivo Imperfekt** und der **Hauptsatz** im **Condicional I**.

> Si **fuera** rico, me **compraría** un Ferrari.
>
> *Wenn ich reich wäre, würde ich mir einen Ferrari kaufen.*

In Sätzen, deren **Bedingung in der Vergangenheit nicht erfüllt** wurde, steht im **si-Satz** der **Subjuntivo Pluscuamperfecto** und im **Hauptsatz Condicional II**.

> Si no **hubiera llovido**, **habría ido** a la playa.
>
> *Wenn es nicht geregnet hätte, wäre ich an den Strand gegangen.*

Indirekte Rede

Steht das **redeeinleitende Verb** im Hauptsatz im **Präsens**, **Perfecto** oder **Futur**, bleibt in der indirekten Rede das Tempus der direkten Rede erhalten.

> "**Vendré** con Laura."   → Paco dice que **vendrá** con Laura.
>
>   *Paco sagt, dass er mit Laura kommt.*

Steht das **redeeinleitende Verb** jedoch in einer Zeit der **Vergangenheit**, gilt folgende **Zeitenverschiebung**:

Gleichzeitigkeit	Präsens → Imperfecto	"Vengo con Laura."	Dijo que **venía** con Laura.
Vorzeitigkeit	Perfecto/Indefinido → Pluscuamperfecto	"Vine con Laura."	Dijo que **había venido** con Laura.
Nachzeitigkeit	Futuro → Condicional	"Vendré con Laura."	Dijo que **vendría** con Laura.

28 **Verbinden Sie die Satzteile in folgenden Konditionalsätzen und übersetzen Sie anschließend!**

1. ☐ Si Ana viene temprano　　**a)** iría a Bariloche.

2. ☐ Si hubieras llamado　　**b)** sabrías que es muy amable.

3. ☐ Si tuviera un coche　　**c)** encendemos la calefacción.

4. ☐ Si hace frío　　**d)** te habrías enterado de que no estaba en casa.

5. ☐ Si conocieras a Lola　　**e)** podremos ver la película juntos.

1. ....

2. ....

3. ....

4. ....

5. ....

29 **Wandeln Sie die direkte Rede in indirekte Rede um!**

1. Juan dice: "Iré al cine."

....

2. Ana contaba: "El año pasado estuve en Cádiz."

....

3. Pedro contestó: "A mí también me gusta viajar."

....

4. Ana preguntó: "¿Viajaremos juntos el año que viene?"

....

Typische Fehlerquellen in der Grammatik – kurz und knapp!

Artikel

Die bestimmten Artikel sind **el, la, los** und **las**. Vor substantivierten Adjektiven, Ordnungzahlen und Possessivpronomen steht der neutrale Artikel **lo**. Die unbestimmten Artikel sind **un, una, unos** und **unas**.

Der bestimmte Artikel steht
- bei allgemeingültigen Aussagen
- bei Zeit- und Datumsangaben
- bei Körperteilen
- bei Titeln und Anreden, wenn man über jemanden spricht

Der unbestimmte Artikel steht nicht
- vor **otro** und **medio**
- nach **tener** bei Besitztümern, die man in der Regel nur einmal hat

Präpositionen

Die für den deutschen Lerner schwierigsten Präpositionen sind die Entsprechungen von *für*, *seit* und *vor*.

Para steht
- zur Angabe einer Absicht, eines Zwecks oder Empfängers
- zur Angabe einer Richtung

Por steht
- zur Angabe eines Grundes, einer Ursache oder eines Mittels
- bei vagen Ortsangaben
- bei Tageszeiten
- zur Angabe eines Preises oder Tauschmittels

Desde steht zur Angabe eines Zeitpunktes, seit dem ein Ereignis andauert, **desde hace** steht zur Angabe eines Zeitraumes. **Hace** steht zur Angabe eines Zeitraumes, wenn das Ereignis abgeschlossen ist.

Konjunktionen

Auf einige Konjunktionen kann sowohl der Indikativ als auch der Subjuntivo folgen: **aunque, cuando, mientras, siempre que**.
Der Indikativ wird verwendet, wenn die Aussage des Nebensatzes als Tatsache gilt.
Der Subjuntivo wird verwendet, wenn die Aussage des Nebensatzes als wünschenswert oder unsicher dargestellt wird. Häufig bezieht sich die Aussage des Nebensatzes beim Subjuntivo auf ein Ereignis in der Zukunft.

Pronomen

Die Subjektpronomen **yo, tú, él/ella, nosotros/-as, vosotros/-as, ellos/ellas** können in der Regel entfallen, wenn sie bei einem konjugierten Verb stehen.

Objektpronomen stehen vor dem konjugierten Verb. Bei Infinitivkonstruktionen können sie an den Infinitiv angehängt werden. Beim bejahten Imperativ werden die Objektpronomen immer angehängt.

Die Pronomen für das indirekte Objekt (**me, te, le, nos, os, les**) stehen vor den Pronomen für das direkte Objekt (**me, te, lo/la, nos, os, los/las**). Stoßen zwei Pronomen der 3. Person aufeinander, werden **le** und **les** zu **se**.

Ser, estar und hay

Das Verb **ser** dient zur Beschreibung charakteristischer Eigenschaften, das Verb **estar** zur Angabe eines veränderlichen Zustandes sowie für Ortsangaben, wenn das Subjekt näher bestimmt ist. Ist das Subjekt nicht näher bestimmt, verwendet man bei Ortsangaben das unpersönliche **hay**.

Zeiten der Vergangenheit

Bei den Zeiten der Vergangenheit muss man vor allem zwischen Indefinido und Imperfecto unterscheiden. Das **Indefinido** steht für einmalige, abgeschlossene Handlungen, das **Imperfecto** für Beschreibungen und wiederholte Handlungen oder Ereignisse. Setzt eine Handlung neu ein, während eine andere noch fortdauert, steht die neue Handlung im Indefinido und die andauernde im Imperfecto.

Subjuntivo

Der Subjuntivo steht meist im Nebensatz und folgt auf bestimmte Auslöser, die im Hauptsatz stehen. Dazu gehören vor allem Verben der Willens- und Gefühlsäußerung (z. B. **querer**), Bitten und Verbote (z. B. **rogar, prohibir**) sowie einige Konjunktionen (z. B. **para que**).

Unregelmäßige Verben

Unregelmäßige Verben sind – mit Ausnahme von **ser** – nicht in allen Zeiten und Formen unregelmäßig. Kennt man jeweils die 1. und 2. Person Singular der Zeiten und Modi, kann man alle anderen Formen davon ableiten. Bei einigen Verben wechselt in den stammbetonten Präsensformen der Stammvokal (**e → ie, o → ue, e → i**). Sie werden ansonsten regelmäßig konjugiert.

Konditionalsätze

In Konditionalsätzen gilt eine strenge **Zeitenfolge**, je nachdem, ob die Bedingung als **erfüllbar, unerfüllbar** oder **unerfüllt** gilt.

Indirekte Rede

Steht das redeeinleitende Verb in der **indirekten Rede** in einer Zeit der **Vergangenheit**, gilt folgende **Zeitenverschiebung**:

- Präsens / Imperfecto → Imperfecto
- Perfecto / Indefinido → Pluscuamperfecto
- Futur → Condicional

¡Ya lo tengo!

1 Setzen Sie die passende Präposition ein!

a   a   a   con   de   de   de   para   por   por

1. Nuestros amigos vienen .... Salamanca.

2. Siempre salimos .... medianoche.

3. .... la mañana no me gusta desayunar.

4. ¿................. quién es este paraguas?

5. Vamos a la playa .... nuestros amigos.

6. Este juguete es .... niños.

7. Enviamos los documentos .... correo.

8. Estos zapatos son .... cuero.

9. ¿................. cuánto estamos? .... 5 de julio.

2 Ersetzen Sie die unterstrichenen Objekte durch ein Pronomen!

1. Ofrecemos el libro a Carlos.

....

2. Presento mi novia a mis padres.

....

3. Quiere invitar a sus amigos peruanos.

....

4. ¡Decid la verdad a vuestras amigas!

....

3 *Ser, estar* oder *hay*? Setzen Sie das passende Verb ein!

1. Hay un jardín grande, pero mi casa .... pequeña.

2. Yo .... de Córdoba, ¿y tú? Yo también, pero ahora ....
en Alicante.

3. Por aquí .... restaurantes muy buenos.

4. Juan .... enfermo. Actualmente .... en el hospital.

5. Esta actriz .... muy guapa.

4 Setzen Sie die passende Vergangenheitszeit ein!

Hace poco **1. (yo) querer** .... ir a Alicante. Por eso **2. comprar**

.... el billete una semana antes del viaje. El día del viaje **3. llegar**

.... a la estación temprano. Todavía **4. tener** .... tiempo.

Por eso **5. sentarse** .... en un café donde **6. tomar** ....

un vaso de agua. Después **7. subir** .... al tren y **8. buscar**

.... el asiento que **9. reservar** .... El asiento **10. estar**

.... al lado de la ventana y **11. ser** .... bastante

cómodo. El tren **12. salir** .... puntualmente. Como **13. estar**

.... muy cansado, **14. dormir** .... durante todo el viaje.

Cuando **15. despertarme** .... , el tren **16. llegar** ....

a Alicante. **17. Coger** .... un taxi y **18. ir** ....

directamente al hotel.

5 Lösen Sie das Kreuzworträtsel, indem Sie die angegebenen Verben konjugieren!

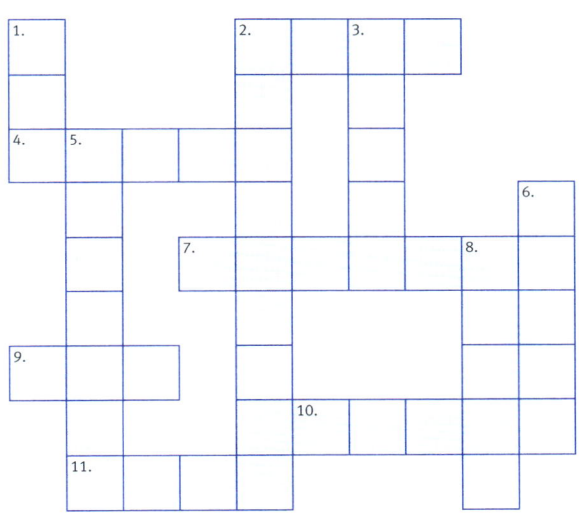

Waagerecht:

2. poder: 1. Person Singular Indefinido
4. estar: 3. Person Plural Präsens
7. traducir: 1. Person Singular Indefinido
9. ser: 3. Person Singular Imperfecto
10. salir: 3. Person Singular Subjuntivo
11. ser: 2. Person Plural Präsens

Senkrecht:

1. ir: 3. Person Singular Indefinido
2. poner: 1. Person Plural Futuro
3. decir: 2. Person Plural Imperativo
5. salir: 2. Person Singular Futuro
6. tener: 3. Person Singular Subjuntivo
8. jugar: 3. Person Singular Präsens

6 Indikativ oder Subjuntivo? Setzen Sie die passende Verbform ein!

1. Te prohíbo que salir .... con esta gente.

2. Es importante que el nuevo piso estar .... en el centro.

3. Preferimos que el jefe nos poner .... tareas interesantes.

4. Queremos alquilar un coche que ser .... cómodo.

5. No venderé mi casa a ese señor aunque me ofrecer .... un buen precio.

6. Cuando Paco venir ...., siempre trae amigos.

7. ¿Ves la casa que estar .... al lado de la farmacia?

8. Preguntaremos a Marta cuando llegar ....

7 Übersetzen Sie!

1. Gibst du Marta die Schlüssel? Nein, ich werde sie ihr nicht geben.

....

2. Ich suche eine Apotheke, die geöffnet ist. Ist eine hier in der Nähe?

....

3. Letztes Jahr war ich in Almería. Die Stadt ist sehr schön.

....

4. Bringen Sie bitte einen halben Liter Milch mit!

....

3. Aussprache und Rechtschreibung

3.1 Aussprache

Viele Buchstaben werden im Spanischen ähnlich ausgesprochen wie im Deutschen. Bei einigen gibt es jedoch Abweichungen.

b/v   **b** und **v** werden im Spanischen nahezu gleich ausgesprochen wie eine Mischung aus dem deutschen [b] und [v].

Valencia – [baˈlenθja]

> **Wussten Sie schon?**
>
> Damit man **b** und **v** beim Buchstabieren auseinanderhalten kann, nennt man **b** auch **b alta** und **v** im Gegensatz dazu **b baja**.

La vaca bebe el vino
con un vaso brillante.

c   Hier kommt es darauf an, welcher Laut auf das **c** folgt.
Vor **e** und **i** spricht man das **c** im Spanischen wie ein englisches [θ].

el cenicero – [el θeniˈθero]

Vor **a**, **o** und **u** sowie vor Konsonanten spricht man das **c** wie das deutsche [k] aus.

Cuba – [ˈkuβa]

Zu Abweichungen im lateinamerikanischen Spanisch vgl. Kap. 4

ch   Das **ch** spricht man aus wie das deutsche [tʃ] in *Rut*sche.

el chico – [el ˈtʃiko]

g   Vor **e** und **i** klingt das **g** wie das deutsche [x] in *Da*ch.

Gerona – [xeˈrona]

gu   vor **e** und **i** wird **gu** ausgesprochen wie [g]

merengue – [meˈreŋge]

vor **a**, **o** und **u** wie [gw]

Guadalquivir – [gwaðalkiˈβir]

h   Das **h** bleibt stumm, es wird nicht gesprochen.

Holanda – [oˈlanda]

j   Das **j** spricht man aus wie das deutsche [x] in *Dach*.

Jaén – [xaˈen]

ll   Das **ll** ist am ehesten mit dem deutschen [j] wie in *Jahr* zu vergleichen.

la botella – [la boˈteʎa]

ñ   Das **ñ** entspricht dem deutschen [nj] wie in *Tanja*.

mañana – [maˈɲana]

qu   **qu** wird ausgesprochen wie das deutsche [k].

que – [ke]

r/rr   **r** und **rr** werden mit der Zungenspitze gerollt.

Sie können das anhand eines spanischen Zungenbrechers sehr gut üben:

Tres tristes tigres comen trigo en una triga.

y   Am Wortende wird **y** ausgesprochen wie [i].

hoy – [oi]

Vor Vokalen wird es ausgesprochen wie ein deutsches [j].

mayo – [ˈmajo]

z   Das **z** wird ausgesprochen wie ein englisches [θ] in th*at*.

Zaragoza – [θaraˈgoθa]

1 Ordnen Sie die folgenden Wörter den entsprechenden Lauten zu! Die Beispiele helfen Ihnen dabei.

Zaragoza (2x)   Cádiz (2x)   Barcelona   catedral   Granada

Gerona   azúcar (2x)   churros   manchego (2x)   chica (2x)

gigante (2x)   garaje (2x)   cerdo   gordo

1. [θ]-Laut :

negocio

2. [k]-Laut:

casa

3. [tʃ]-Laut:

plancha

4. [g]-Laut:

garantía

5. [x]-Laut:

ajo

Lerntipp

Die richtige Aussprache erlernt man durch aufmerksames Zuhören und viel Praxis. Nutzen Sie die Gelegenheit, so oft es geht Spanisch zu sprechen.

3.2 Betonung und Akzentsetzung

Die Betonung spanischer Wörter

Vokal / n / s   Endet ein Wort mit einem Vokal, einem **n** oder einem **s**, wird es auf der vorletzten Silbe betont. España, comemos, comen

Konsonant   Endet ein Wort auf einen Konsonanten (außer **n** und **s**), wird es auf der letzten Silbe betont. hotel, comer, salud

Akzent   Weicht die Betonung eines Wortes von diesen beiden Grundregeln ab, verwendet man einen Akzent, um den betonten Vokal zu markieren. Jedes Wort kann also nur einen Akzent haben. bolígrafo, alemán, fútbol

Achtung!

Die Betonungsstelle wird auch dann beibehalten, wenn ein Substantiv oder Adjektiv ins Femininum oder in den Plural gesetzt wird. Entsprechend kann unter Umständen in diesen Formen ein Akzent notwendig werden bzw. entfallen.
el examen → los exámenes; alemán → alemana

Akzentsetzung zur Unterscheidung

In einigen Fällen wird der Akzent gesetzt, um im Schriftbild gleichlautende Wörter mit unterschiedlicher Bedeutung zu unterscheiden. Dazu gehören:

Fragewörter   ¿qué? ≠ que, ¿cuándo? ≠ cuando, ¿cómo? ≠ como

Pronomen   él ≠ el chico (*er ≠ der*), tú ≠ tu coche (*du ≠ dein*), mí ≠ mi casa (*mir, mich ≠ mein*)

Adverbien   sí ≠ si (*ja ≠ ob*), aún ≠ aun (*noch ≠ sogar*)

Sonstige   dé ≠ de (1. + 3. Ps. Sg. SUBJ von **dar** ≠ Präposition *von*), té ≠ te (*Tee ≠ dir, dich*), sé ≠ se (1. Ps. Sg. Präsens von **saber** ≠ Reflexivpronomen *sich*)

Übungen

2 Unterstreichen Sie jeweils die betonte Silbe und setzen Sie ggf. einen Akzent!

1. Soy de Valencia, ¿y tu?

2. ¿Como se llama? Me llamo Ernesto Lopez.

3. Mañana ire a la piscina.

4. Este señor es de Colombia y este de Peru.

5. A mi me gusta mucho el te.

6. ¿Cuando nos veremos?

7. Siempre esta lloviendo cuando nos encontramos.

Wussten Sie schon?

Auch in Spanien hat es eine hitzig debattierte Rechtschreibreform gegeben. Seit 2011 sind die Akzente zur Unterscheidung von Pronomen wie **éste**, **ése** und **aquél** sowie Adverbien wie **sólo** nicht mehr obligatorisch. Sofern keine Verwechslungsgefahr besteht, rät die *Real Academia Española* sogar von ihrem Gebrauch ab. Richtig ist daher nun auch folgende Schreibweise: Solo niños. – *Nur für Kinder.*

3.3 Groß- und Kleinschreibung

In der Regel wird im Spanischen kleingeschrieben.

Großgeschrieben werden:

Satzanfänge:	El lunes es el primer día de la semana. *Der Montag ist der erste Tag der Woche.*
Eigennamen:	Me llamo Enrique. – *Ich heiße Enrique.* Viajamos por España. – *Wir reisen durch Spanien.*
Amtsbezeichnungen:	el Rey – *der König* el Presidente del Gobierno – *der Ministerpräsident*
Institutionen:	la Real Academia Española – *die Königliche Spanische Akademie*
Feiertage:	la Semana Santa – *die Karwoche* el Día de Reyes – *der Dreikönigstag* la Navidad – *Weihnachten*
Historische Ereignisse:	la Guerra Civil – *der Bürgerkrieg*
Abkürzungen von Anreden und Titeln:	Sr. (= señor), Sra. (= señora), Ud./Vd. (= usted), Dr. (= doctor)

Nationalitätsbezeichnungen, Jahreszeiten, Monatsnamen und **Wochentage** werden immer **kleingeschrieben**.
Ebenfalls kleingeschrieben werden **Anreden,** sofern sie ausgeschrieben sind.

3 Korrigieren Sie die Groß- und Kleinschreibung!

1. me encanta mucho esta Bicicleta.

. . . .

2. Buenos Días, Señor López. Quiero Comprar una bicicleta.

. . . .

3. don quijote y sancho panza son los personajes principales de la novela
"don quijote" de cervantes.

. . . .

. . . .

4. En Junio Iré a Cataluña Para Ver A Mis Amigos Catalanes.

. . . .

5. el rey y su familia viven en el palacio de la zarzuela.

. . . .

6. las islas canarias están situadas en el océano atlántico.

. . . .

Typische Fehlerquellen in Aussprache und Rechtschreibung – kurz und knapp

Bei **c** und **g** ist die Aussprache abhängig vom folgenden Vokal. Vor den hellen Vokalen **e** und **i** spricht man **c** wie [θ] und **g** wie [x] in *Dach*.

Vor den dunklen Vokalen **a, o, u** sowie Konsonanten spricht man **c** wie [k] und **g** wie [g].

Wörter, die mit einem Vokal, **n** oder **s** enden, werden auf der vorletzten Silbe betont.

>El t**o**ro y las v**a**cas c**o**men hi**e**rba.
>*Der Stier und die Kühe fressen Gras.*

Wörter, die mit einem Konsonanten außer **n** oder **s** enden, werden auf der letzten Silbe betont:

>el pap**e**l az**u**l

Wird ein Wort abweichend von diesen Grundregeln betont, trägt es auf dem Vokal der betonten Silbe einen Akzent. Jedes Wort kann nur einen Akzent haben.

>el sem**á**foro – el tel**é**fono – el avi**ó**n

Bei einigen Wörtern dient der Akzent nicht zur Betonung, sondern zur **Unterscheidung**.

>Yo voy al cine, ¿y **tú**? – *Ich gehe ins Kino, und du?*
>¿Vamos en **tu** coche? – *Fahren wir in deinem Auto?*

Substantive schreibt man klein. Großschreibung gibt es nur am Satzanfang sowie bei Eigennamen im weitesten Sinne. Auch Abkürzungen von Anreden werden großgeschrieben.

¡Ya lo tengo!

1 In diesem Brief war der Fehlerteufel am Werk. Korrigieren Sie!

querido tío josé:

gracias por tú cárta. disculpa que no té haya escrito desde hace tánto tiempo. ¿sabes que mis padres y yo iremos al pais vasco? alla visitaremos san sebastian con su famosa pláya "la concha" y bílbao con el museo guggenheim.¿y tu? ¿ya tienes planes para las proxímas vacáciones? me gustaria mucho verte en el mes de agosto. ¿no pódras ir al pais vasco támbien?

mama y papa te envian múchos cariños.

pór favor, escribeme pronto.

caríños

juan

....

....

....

....

....

....

....

....

....

4. Lateinamerikanisches Spanisch

4. Lateinamerikanisches Spanisch

Spanisch ist eine der am weitesten verbreiteten Sprachen der Welt. Zur spanischsprachigen Welt gehören neben Spanien insbesondere auch zahlreiche Länder Mittel- und Südamerikas, in denen infolge der Kolonialisierung auch heute noch Spanisch gesprochen wird.

„Das" lateinamerikanische Spanisch gibt es nicht. Allerdings gibt es zwischen dem Spanischen auf der Iberischen Halbinsel und dem in Lateinamerika einige typische Unterschiede, die man kennen sollte.

Unterschiede in der Aussprache von c und z

Typisch für das Spanische in Lateinamerika ist der Seseo: Bei diesem Phänomen werden c und z wie ein scharfes [s] ausgesprochen (im Unterschied zur iberischen Halbinsel, wo c + z vor Vokalen wie das englische [θ] ausgesprochen werden).

	Spanien	Lateinamerika
centro	[ˈθentro]	[ˈsentro]

Unterschiede in der Aussprache von ll

In Spanien und in den meisten Ländern Lateinamerikas wird das ll zumeist ausgesprochen wie [j] in *ja*. In Argentinien und Uruguay spricht man das ll jedoch als Zischlaut [ʒ] wie im deutschen *Journalist*.

	Spanien/Lateinamerika	Uruguay/Argentinien
calle	[ˈkaʎe]	[ˈkaʒe]

Viele spanische Seeleute und Eroberer stammten aus dem Süden Spaniens. Auch heute noch gleicht die Aussprache des lateinamerikanischen Spanisch vielerorts der in Andalusien. Im Laufe der Jahrhunderte haben sich das iberische und das lateinamerikanische Spanisch zwar unterschiedlich weiterentwickelt, zu Verständigungsproblemen kommt es in aller Regel jedoch nicht.

Unterschiede im Wortschatz

Im Wortschatz gibt es zahlreiche Abweichungen zwischen dem europäischen und dem lateinamerikanischen Spanisch.

In Lateinamerika	In Spanien
el auto, el carro	el coche
el banano, la banana	el plátano
el celular	el móvil
la computadora	el ordenador
el colectivo	el autobús
la frutilla	la fresa
la manteca	la mantequilla
la papa	la patata
la plata	el dinero
el refrigerador	la nevera
tomar	coger

Achtung!

Das in Spanien gebräuchliche **coger** für *nehmen* hat in vielen Ländern Lateinamerikas eine eindeutig sexuelle Bedeutung.

Das lateinamerikanische Sprachgebiet ist sehr groß. Auch zwischen den einzelnen Ländern finden sich zahlreiche Unterschiede im Wortschatz. Ein und dasselbe Wort kann unterschiedliche Bedeutungen haben, je nachdem, wo man sich befindet.

E:	la guagua	*die Lappalie*
Kuba:	la guagua	*der Autobus*
Peru:	la guagua	*das Zuckerbrot*
Chile:	la guagua	*das Baby*

Unterschiede in der Grammatik

Typisch für das lateinamerikanische Spanisch ist auch das Phänomen des trata-miento unificado, d.h. für die 2. Person Plural gibt es keine Form. Statt **vosotros** wird **ustedes** verwendet, selbst wenn man sich an eine Gruppe von Personen wendet, die man duzt.

E:	¿Qué hicistéis anoche?	*Was habt ihr gestern Abend gemacht?* (informelle Anrede)
	¿Qué hicieron anoche?	*Was haben Sie gestern Abend gemacht?* (höfliche Anrede)
LA:	¿Qué hicieron anoche?	*Was habt ihr gestern Abend gemacht?* **und** *Was haben Sie gestern Abend gemacht?* (informelle und höfliche Anrede)

Auch der Voseo ist typisch für das lateinamerikanische Spanisch. Dabei wird die 2. Person Singular nicht durch das in Spanien gebräuchliche **tú**, sondern durch die Form **vos** ausgedrückt. Am häufigsten ist der Voseo im La-Plata-Raum (Argentinien, Uruguay, Paraguay) anzutreffen.

E:	tú eres	*du bist*
	tú hablas	*du sprichst*
	tú tienes	*du hast*
LA:	vos sos	*du bist*
	vos hablás	*du sprichst*
	vos tenés	*du hast*

Oft hört man im lateinamerikanischen Spanisch Diminutive, also Verkleinerungsformen, die selbst bei solchen Wortarten gebildet werden, in denen das Standardspanische keine Verkleinerung vorsieht.

¡Hijita, ven acá ahorita!

Das Perfecto ist im lateinamerikanischen Spanisch relativ ungebräuchlich. Auch bei Ereignissen, die sehr kurz zurückliegen, wird stattdessen in der Alltagssprache das Indefinido verwendet.

E:	Carlos no ha venido hoy.	*Carlos ist heute nicht gekommen.*
	¿Qué ha pasado?	*Was ist passiert?*
	¿Ya has visto la última película de Almodóvar?	*Hast du den neuesten Film von Almodóvar schon gesehen?*
LA:	Carlos no vino hoy.	*Carlos ist heute nicht gekommen.*
	¿Qué pasó?	*Was ist passiert?*
	¿Ya viste la última película de Almodóvar?	*Hast du den neuesten Film von Almodóvar schon gesehen?*

1 Ordnen Sie folgenden Begriffen im lateinamerikanischen Spanisch ihr iberisches Pendant zu!

1. ☐ el celular   a) el autobús
2. ☐ vos sabés   b) su casa
3. ☐ la manteca   c) el depósito (de gasolina)
4. ☐ el tanque   d) tú sabes
5. ☐ la casa de él   e) el coche
6. ☐ el carro   f) el móvil
7. ☐ el colectivo   g) la mantequilla

2 Welche Sätze sind lateinamerikanisches Spanisch, welche iberisches Spanisch? Verbinden Sie!

1. Vio el carro de bomberos.
2. Si querés comprar flores, vas al mercado.
3. Hoy he comprado un nuevo ordenador.
4. Yo quiero ir al cine con vos.
5. ¿Carlos? No le he visto.
6. Esta mañana no desayuné en casa.
7. ¡Hola Anita y Laurita! ¿Adónde van?
8. Sos guapísima.
9. Os daré los libros mañana.
10. ¿Seguro que te sentís bien?

Lateinamerikanisches Spanisch

Iberisches Spanisch

5. Anhang

5.1 Abschlusstest

---

1 **Bringen Sie die Buchstaben in die richtige Reihenfolge und übersetzen Sie!**

1. curacenciron ....

2. oiginasm ....

3. temlan ....

4. tínesteraa ....

---

2 *por* oder *para*? **Setzen Sie die richtige Präposition ein!**

1. José compró un libro de informática .... 150 euros.

2. Vamos a salir .... la fiesta en quince minutos.

3. Este verano viajaremos .... toda España.

4. Hablas bien español .... ser un extranjero.

---

3 **Unterstreichen Sie den korrekten Artikel!**

1. Por el / la radio han dicho que mañana llovería mucho.

2. Necesitas un buen / una buena cura para recuperar fuerzas.

3. ¡Ladrones! ¡Llamen al / a la policía!

4. ¡Qué buena noticia! Tres semanas después de su accidente, Luis se despertó del / de la coma.

4 **Setzen Sie die folgenden Wörter in den Singular oder Plural und achten Sie dabei auf die Akzentsetzung!**

1. el francés ....

2. la nación ....

3. el español ....

4. los exámenes ....

5. los jóvenes ....

6. el árbol ....

5 **Setzen Sie die folgenden Wörter in die angegebene Form und achten Sie dabei auf die Aussprache und Rechtschreibung!**

1. el pez (Plural) ....

2. comenzar (1. Ps. Sg. Indefinido) ....

3. llegar (2. Ps. Sg. Subjuntivo) ....

4. los lápices (Singular) ....

5. la razón (Plural) ....

6. escoger (1. Ps. Pl. Presente) ....

7. seguir (1. Ps. Sg. Presente) ....

6 Welche Verbformen sind richtig? Kreuzen Sie an!

1. Todas las tardes Marta y Pilar estudiar en la biblioteca.
   - a ❑ estudiaron
   - b ❑ estudiaban
2. Ser las cuatro de la tarde cuando Ana llamarme en la oficina.
   - a ❑ Fueron, me llamaba
   - b ❑ Eran, me llamó
3. Mientras yo viajar en avión, Carlos ir en coche.
   - a ❑ viajé, iba
   - b ❑ viajaba, iba
4. Nosotros decirle que no nosotros, querer ir a la playa.
   - a ❑ le decimos, quisimos
   - b ❑ le dijimos, queríamos
5. El año pasado yo, estar en Sevilla por tres semanas.
   - a ❑ estuvo
   - b ❑ estuve

7 Schreiben Sie das Zahlwort!

1. 555 ....
2. el siglo XXI ....
3. 75% ....
4. Felipe II ....

110

8 Wählen Sie das passende "verbo de cambio"!

1. Se ha hecho / Se ha vuelto demasiado tarde para ir al cine.

2. Hay que estudiar durante muchos años para ponerse / llegar a ser médico.

3. Por tanta lluvia, el arroyo se ha convertido / se ha vuelto en un río.

4. Al ver a Juan, María se puso / se quedó colorada.

5. Se conocieron durante las vacaciones y se hicieron / se pusieron amigos en seguida.

9 Indikativ oder Subjuntivo? Setzen Sie das Verb in den richtigen Modus!

1. Por favor, llámame cuando llegar .... a Madrid.

2. Es importante que tú, seguir .... las instrucciones al montar el armario.

3. Es una lástima que no haber .... nadie en este bonito restaurante. Creo que ser .... muy bueno.

4. Me sorprende que no él, saber .... hablar inglés.

5. Estaremos aquí mientras tú nos necesitar ....

6. No le gusta que nosotros, molestarle .... mientras él, trabajar ....

10 Füllen Sie die Wortspirale!

1	2	3	4	5	6	7
22	23	24	25	26	27	8
21	36	37	38	39	28	9
20	35	42	41	40	29	10
19	34	33	32	31	30	11
18	17	16	15	14	13	12

1–8 Una bebida que se prepara introduciendo hierbas aromáticas o frutos en agua hirviendo

8–12 Persona que mantiene una relación amorosa con otra (masculino)

12–15 La forma de la 1ª persona del singular del presente de subjuntivo del verbo oír

15–19 En la playa hay .... muy fina.

19–25 Participio pasado del verbo abrir

25–29 Exclamación que expresa el fuerte deseo de que suceda algo (trae consigo siempre el subjuntivo)

29–35 Forme el imperativo de la frase siguiente: Ustedes me abren.

35–39 La forma de la 2ª persona del singular del presente de indicativo del verbo estar

39–42 La forma de la 3ª persona del plural del presente de subjuntivo del verbo ser

11 Setzen Sie *ser, estar* oder *hay* ein!

1. Paco y Ana .... novios. .... muy enamorados.

2. El coche nuevo .... de Carlos. .... un Seat.

3. Yo .... nerviosa porque el examen .... difícil.

4. No voy a tomar este café. .... frío y la taza .... sucia.

5. .... lloviendo. Ana .... empapada porque no

.... marquesina en la parada del autobús.

6. En mi libro .... dibujos muy bonitos. .... un libro

para niños.

12 Übersetzen Sie!

Letztes Wochenende bin ich mit meinen Freunden zum Strand gefahren.
Der Himmel war blau und es war sehr warm. Wir sprangen gleich ins Wasser.
Plötzlich rief mich Pedro und zeigte mir Fische, die zwischen den Felsen
schwammen. Ich sagte zu Pedro: „Komm! Wenn wir die Fische nicht stören,
beißen (morder) sie uns nicht."

....

....

....

....

....

13 Beschriften Sie und setzen Sie gegebenenfalls einen Akzent!

14 Übersetzen Sie!

1. Ich freue mich, dass du kommst.

....

2. Bring mir die Zeitung mit!

....

3. Früher habe ich Klavier gespielt.

....

4. Seit einem Jahr spiele ich Tennis.

....

5. Wenn wir Zeit hätten, könnten wir nach Salamanca fahren.

....

15 Ordnen Sie die folgenden Wörter den Kategorien Groß- und Kleinschreibung zu!

don quijote de la mancha   español   el país vasco

martes   dr.   los pirineos   marzo   usted

lópez   vd.   catalán

1. Großschreibung:

. . . .

. . . .

. . . .

. . . .

. . . .

. . . .

. . . .

2. Kleinschreibung:

. . . .

. . . .

. . . .

. . . .

. . . .

. . . .

5.2 Lösungen

1. Wortschatz

Übung 1: 1. b **2.** a **3.** b **4.** a

Übung 2: 1. cita **2.** instituto **3.** feria **4.** pasaporte

Übung 3: 1. empresa **2.** manifestación **3.** las sobras

Übung 4: 1. estanterías **2.** abrigo **3.** bolso **4.** florero **5.** empresa

Übung 5: 1. c **2.** d **3.** b **4.** e **5.** a

Übung 6: 1. De tal palo, tal astilla **2.** En boca cerrada no entran moscas
3. Cuando el río suena, agua lleva **4.** mataremos dos pájaros de un tiro

Übung 7: 1. pescado **2.** amigo, partido **3.** toca **4.** juegan **5.** novio **6.** pez **7.** juego

Übung 8: 1. Queda **2.** traer **3.** Sé **4.** iré **5.** tiene **6.** infusión

Übung 9:

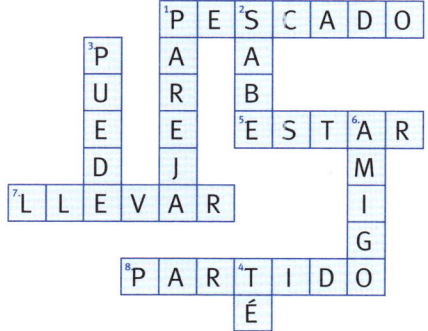

Übung 10: **1.** La **2.** Los **3.** una **4.** este

Übung 11: **1.** el corte **2.** el cólera **3.** la frente **4.** la pendiente **5.** el capital **6.** la trompeta **7.** la radio **8.** el orden **9.** la gallina **10.** la parte **11.** el policía
Lösung: el editorial

Übung 12: **1.** ha salido **2.** se quedaron **3.** se ha vuelto **4.** hacerse

Übung 13: **1.** se ha convertido **2.** quedado **3.** resultó / llegó a ser **4.** Se hace **5.** se ha quedado / se quedó

Übung 14: **1.** c **2.** a **3.** e **4.** b **5.** d

Übung 15: **1.** cayó **2.** cumpliré **3.** oscurece **4.** se enfadó **5.** mojamos **6.** ha sido **7.** adelgazar

Übung 16: **1.** dieciséis **2.** quinientos cincuenta y cinco **3.** setenta y nueve **4.** noventa y tres **5.** cinco mil setecientos veintiuno

Übung 17: **1.** veintiún **2.** trescientas **3.** veintiocho **4.** setenta y una **5.** setecientos **6.** ciento un

Übung 18: **1.** el siglo quince **2.** Carlos Tercero **3.** el ochenta por ciento **4.** un tercio de los europeos

Zwischentest Wortschatz

Übung 1: 1. María se ha puesto nerviosa. **2.** El Sr. González llegó a ser director de nuestro instituto. **3.** ¡No conduzca tan rápido! Puede resultar peligroso. **4.** Penélope Cruz se hizo famosa en las películas de Almodóvar. **5.** La comida te ha salido muy rica.

Übung 2: 1. Los niños juegan a la pelota. **2.** El veinticinco por ciento de las cartas llegan demasiado tarde. **3.** ¿Me permite presentarle a mi media naranja? **4.** Sé hablar español.

Übung 3: 1. novio **2.** partido **3.** Habíamos quedado **4.** trajo **5.** amigo

Übung 4: 1. la batería **2.** el policía **3.** el cura **4.** el radio **5.** el pendiente **6.** la pendiente

2. Grammatik

Übung 1: 1. El, las **2.** la **3.** la **4.** las **5.** – **6.** – **7.** los

Übung 2: 1. el **2.** el **3.** la **4.** la **5.** la

Übung 3: 1. un **2.** – **3.** – **4.** unos

Übung 4: 1. richtig **2.** falsch (el martes) **3.** falsch (en agosto) **4.** richtig **5.** richtig

Übung 5: 1. al **2.** en el **3.** En la **4.** del **5.** de los

Übung 6: 1. María tiene los ojos negros. **2.** El fin de semana visitaremos / vamos a visitar el Museo del Prado. **3.** ¿Le gusta el pescado?

Übung 7: 1. En, a **2.** a **3.** a **4.** a, al, con **5.** En **6.** al, de **7.** con **8.** el, de **9.** A, A **10.** en

Übung 8: 1. por **2.** para **3.** por **4.** para **5.** por **6.** por **7.** por **8.** por **9.** para, para

Übung 9: 1. Hace **2.** desde hace **3.** Desde **4.** hace **5.** Desde hace **6.** desde

Übung 10: 1. ¿Quieres ir al cine conmigo? **2.** ¿A cuánto estamos hoy? A 12 de junio. **3.** Te envío el libro por correo. **4.** En 1492, Cristóbal Colón descubrió América. **5.** El tren para Granada ya ha salido. **6.** María está enferma desde hace tres semanas./ Hace tres semanas que María está enferma.

Übung 11: 1. y **2.** y **3.** e **4.** y **5.** e

Übung 12: 1. b **2.** c **3.** a

Übung 13: 1. tengo **2.** estoy **3.** llegues **4.** estés **5.** arreglo **6.** sea

Übung 14: 1. Vamos a la playa. **2.** ¿Y vosotras? ¿Vais también? **3.** Todo está bien entre tú y yo. **4.** ¿Quieres ir al cine conmigo? **5.** El café es para mí y el té para ti.

Übung 15: 1. Juan le regala flores. **2.** La veo. **3.** ¿Lo crees? **4.** El padre se lo dio (a su hijo). **5.** ¿Puedo regalárselo? **6.** ¡No! ¡Regálasela!

Übung 16: 1. Se las regalo a ustedes. **2.** ¿La pizza? ¡Ya estoy haciéndola! *oder* ¡Ya la estoy haciendo! **3.** ¿Has visto esta película? Sí, la he visto.

Übung 17: 1. tuyas **2.** Mis **3.** tuyo, suyo **4.** nuestro, vuestro

Übung 18: 1. aquella **2.** ese **3.** esto **4.** Este, ese

Übung 19: 1. d **2.** e **3.** b **4.** c **5.** a

Übung 20: 1. está **2.** soy, soy **3.** están **4.** son, están **5.** hay, Hay **6.** está **7.** es **8.** hay

Übung 21: 1. contaste, contarás **2.** llegue, llegué **3.** pedían, pidieron **4.** trabajaremos, trabajábamos **5.** has escrito, escribiste

Übung 22: 1. estuve **2.** Hacía, brillaba, hacía **3.** llegué, tomé, fui **4.** Era **5.** visité **6.** admiraba, me robó **7.** sabía **8.** vino, había detenido **9.** devolvió **10.** Has estado

Übung 23: 1. levántate **2.** no abráis la ventana **3.** id a la playa **4.** ponte un abrigo

Übung 24: 1. conozcas **2.** vengan **3.** llegue **4.** puedas **5.** sea **6.** digamos

Übung 25: 1. hiciste, harás **2.** tenga, tuve **3.** veía, vio **4.** fue, era **5.** han dicho, dijeron

Übung 26: 1. oís **2.** hizo **3.** dé **4.** puse **5.** pondréis **6.** digo **7.** sepamos, sepan

Übung 27: 1. d **2.** f **3.** a **4.** e **5.** b **6.** c

Übung 28: 1. e; Wenn Ana früh kommt, können wir den Film gemeinsam sehen. **2.** d; Wenn du angerufen hättest, hättest du erfahren, dass ich nicht zu Hause war. **3.** a; Wenn ich ein Auto hätte, würde ich nach Barriloche fahren. **4.** c; Wenn es kalt ist, machen wir die Heizung an. **5.** b; Wenn du Lola kennen würdest, wüsstest du, dass sie sehr nett ist.

Übung 29: 1. Juan dice que irá al cine. **2.** Ana contaba que había estado en Cádiz el año pasado. **3.** Pedro contestó que a él también le gustaba viajar. **4.** Ana preguntó si viajarían juntos el año siguiente.

Zwischentest Grammatik

Übung 1: **1.** de **2.** a **3.** Por **4.** De **5.** con **6.** para **7.** por **8.** de **9.** A, A

Übung 2: **1.** Se lo ofrecemos. **2.** Se la presento. **3.** Quiere invitarlos. *Oder:* Los quiere invitar. **4.** ¡Decídsela!

Übung 3: **1.** es **2.** soy, estoy **3.** hay **4.** está, está **5.** es

Übung 4: **1.** quería **2.** había comprado **3.** llegué **4.** tenía **5.** me senté **6.** tomé **7.** subí **8.** busqué **9.** había reservado **10.** estaba **11.** era **12.** salió **13.** estaba **14.** dormí **15.** me desperté **16.** llegó **17.** Cogí **18.** fui

Übung 5:

Übung 6: **1.** salgas **2.** esté **3.** ponga **4.** sea **5.** ofrezca **6.** viene **7.** está **8.** llegue

Übung 7: **1.** ¿Le das las llaves a Marta? No, no se las daré. **2.** Busco una farmacia que esté abierta. ¿Hay una por aquí? **3.** El año pasado estuve en Almería. La ciudad es muy bonita. **4.** ¡Traiga medio litro de leche, por favor!

3. Aussprache und Rechtschreibung

Übung 1: **1.** Zaragoza, Cádiz, Barcelona, azúcar, cerdo **2.** Cádiz, catedral, azúcar, chica **3.** churros, manchego, chica **4.** Zaragoza, Granada, manchego, gigante, garaje, gordo **5.** Gerona, gigante, garaje

Übung 2: **1.** Soy de Valencia, ¿y tú? **2.** ¿Cómo se llama? Me llamo Ernesto López. **3.** Mañana iré a la piscina. **4.** Este señor es de Colombia y este de Perú. **5.** A mí me gusta mucho el té. **6.** ¿Cuándo nos veremos? **7.** Siempre está lloviendo cuando nos encontramos.

Übung 3: **1.** Me encanta mucho esta bicicleta. **2.** Buenos días, señor López. Quiero comprar una bicicleta. **3.** Don Quijote y Sancho Panza son los personajes principales de la novela „Don Quijote" de Cervantes. **4.** En junio iré a Cataluña para ver a mis amigos catalanes. **5.** El Rey y su familia viven en el Palacio de la Zarzuela. **6.** Las Islas Canarias están situadas en el Océano Atlántico.

Zwischentest Rechtschreibung

Übung 1:

Querido tío José:

Gracias por tu carta. Disculpa que no te haya escrito desde hace tanto tiempo. ¿Sabes que mis padres y yo iremos al País Vasco? Allá visitaremos San Sebastián con su famosa playa "la Concha" y Bilbao con el Museo Guggenheim. ¿Y tú? ¿Ya tienes planes para las próximas vacaciones? Me gustaría mucho verte en el mes de agosto. ¿No podrás ir al País Vasco también?

Mamá y papá te envían muchos cariños.

Por favor, escríbeme pronto.

Cariños,

Juan

4. Lateinamerikanisches Spanisch

Übung 1: **1.** f **2.** d **3.** g **4.** c **5.** b **6.** e **7.** a

Übung 2: **1.** LA **2.** LA **3.** IB **4.** LA **5.** IB **6.** LA **7.** LA **8.** LA **9.** IB **10.** LA

5.1 Abschlusstest

Übung 1: **1.** concurrencia; Zulauf, Gedränge **2.** gimnasio; Turnhalle **3.** mantel; Tischdecke **4.** estantería; Regal

Übung 2: **1.** por **2.** para **3.** por **4.** para

Übung 3: **1.** la **2.** una buena **3.** a la **4.** del

Übung 4: **1.** los franceses **2.** las naciones **3.** los españoles **4.** el examen **5.** el joven **6.** los árboles

Übung 5: **1.** los peces **2.** comencé **3.** llegues **4.** el lápiz **5.** las razones **6.** escogemos **7.** sigo

Übung 6: **1.** b **2.** b **3.** b **4.** b **5.** b

Übung 7: **1.** quinientos cincuenta y cinco **2.** el siglo veintiuno **3.** el setenta y cinco por ciento **4.** Felipe Segundo

Übung 8: **1.** Se ha hecho **2.** llegar a ser **3.** se ha convertido **4.** se puso **5.** se hicieron

Übung 9: **1.** llegues **2.** sigas **3.** haya, es **4.** sepa **5.** necesites **6.** le molestemos, trabaja

Übung 10:

¹ I	² N	³ F	⁴ U	⁵ S	⁶ I	⁷ Ó
²² E	²³ R	²⁴ T	²⁵ O	²⁶ J	²⁷ A	⁸ N
²¹ I	³⁶ S	³⁷ T	³⁸ Á	³⁹ S	²⁸ L	⁹ O
²⁰ B	³⁵ E	⁴² N	⁴¹ A	⁴⁰ E	²⁹ Á	¹⁰ V
¹⁹ A	³⁴ M	³³ N	³² A	³¹ R	³⁰ B	¹¹ I
¹⁸ N	¹⁷ E	¹⁶ R	¹⁵ A	¹⁴ G	¹³ I	¹² O

Übung 11: 1. son, Están **2.** es, Es **3.** estoy, es **4.** Está, está **5.** Está, está, hay **6.** hay, Es

Übung 12: El pasado fin de semana fui a la playa con mis amigos. El cielo estaba azul y hacía mucho calor. Saltamos directamente al agua. De repente, Pedro me llamó y me mostró unos peces que nadaban entre las rocas. Dije a Pedro: "¡Ven! Si no molestamos a los peces, no nos muerden."

Übung 13: 1. el león **2.** el semáforo **3.** el camión **4.** el coche

Übung 14: 1. Me alegro de que vengas. **2.** Tráeme el periódico. **3.** Antes tocaba el piano. **4.** Desde hace un año juego al tenis. **5.** Si tuviéramos tiempo, podríamos ir a Salamanca.

Übung 15: 1. Don Quijote de la Mancha, el País Vasco, los Pirineos, Dr., López, Vd. **2.** español, martes, marzo, usted, catalán

5.3 Register

Register

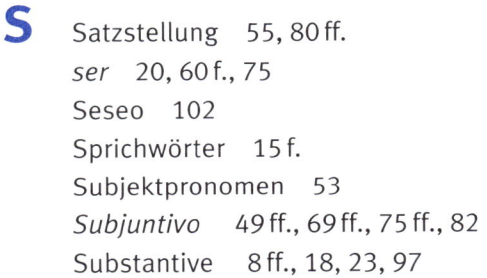

Spanisch lernen für geübte Anfänger

ISBN 978-3-8174-9669-3

A2–B2

Landeskunde Spanien

20 Kapitel in der Landessprache vermitteln Wissenswertes zu Geografie, Geschichte, Kunst und Kultur Spaniens

Mit zahlreicher Übungen zu Wortschatz und Grammatik die Sprachkenntnisse vertiefen

Für Anfänger und Fortgeschrittene

QR-Code scanner und landestypische Rezepte auf dem Smartphone speichern

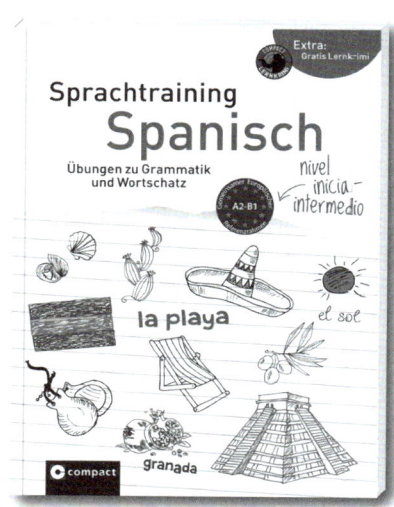

ISBN 978-3-8174-1766-7

A2–B1

Übung macht den Meister!

Das ideale Übungsbuch für geübte Anfänger und Fortgeschrittene

Rund 200 thematisch sortierte Übungen zu Wortschatz und Grammatik

Mit Infokästen zu sprachlichen und landeskundlichen Besonderheiten sowie Glossar und Lösungen im Anhang

Extra: spannende Krimilektüre für geübte Anfänger